SUR LES ÉCRITS

DE M^r. B. DE CONSTANT,

Relatifs à la Liberté de la Presse, et à la Responsabilité des Ministres;

PRINCIPE D'UNE LOI DE SÉCURITÉ;

Quelques Réflexions sur une opposition au Ministère dans les Chambres.

Par J.-Ch. BAILLEUL,

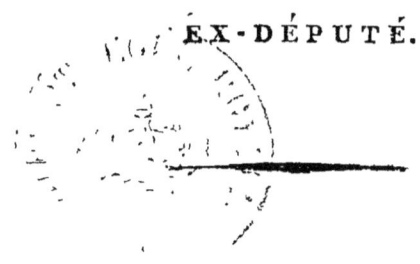

EX-DÉPUTÉ.

PARIS,

Chez
- Ant. BAILLEUL, Imprimeur-Libraire, rue Sainte-Anne, n°. 71;
- MONGIE, Libraire, boulevard Poissonnière, n°. 18;
- DELAUNAY, Libraire, au Palais-Royal, Galeries de bois, n°s. 243-244.
- Et DELATOUR, Libraire, grande cour du Palais-Royal.

IMPRIMERIE D'ANT. BAILLEUL,
RUE SAINTE-ANNE, N°. 71.

SUR LES ECRITS

DE Mr. BENJAMIN DE CONSTANT,

Relatifs à la liberté de la Presse et à la responsabilité des Ministres.

INTRODUCTION.

L'art. 8 de la Charte constitutionnelle est ainsi conçu : « Les Français ont le droit de publier et de » faire imprimer leurs opinions, en se conformant » aux lois qui doivent réprimer les abus de cette » liberté. »

D'après cette disposition, il devait en être de la presse comme de tous les autres instrumens dont l'usage n'est limité que par le mauvais emploi qu'on en peut faire.

Cependant le ministère de 1814 pensa qu'à raison des circonstances où les événemens d'alors avaient placé l'Etat, il était indispensable de soumettre à une surveillance extraordinaire et les *journaux*, et les écrits peu volumineux, connus sous le nom de *brochures*, de *pamphlets*, etc. Mr. B. de Constant, qui, antérieurement et dans plusieurs écrits, notamment dans ses *Réflexions sur les constitutions et les garanties*, avait combattu, avec le talent qu'on lui connaît, en faveur de la liberté de la presse, publia une brochure intitulée : *De la Liberté des brochures, des pamphlets et des journaux, considérée sous le rapport de l'intérêt du gouvernement.* On peut regarder cet écrit, d'une cinquantaine de pages, comme un des membres de la famille, qui, rempli du plus généreux dévouement, se bat à outrance pour les siens. M^r. B. de Constant se propose de démontrer que le gouvernement et ses institutions n'ont de force et de durée qu'autant qu'ils sont environnés et soutenus par l'assentiment général, autrement par une opinion publique ; qu'il n'y a d'opinion publique que là où il y a communication libre, franche, habituelle, des idées ; que cette communication ne peut exister que par la liberté de la presse, comme par la liberté de la parole, puisque la presse n'est qu'un moyen de manifester la parole d'une manière plus générale et plus durable, sans avoir égard aux temps ni aux distances.

Le ministre chargé, lors de la discussion devant les Chambres, de la défense du projet de loi qui soumettait à la censure les écrits ci-dessus désignés, daigna à peine s'appuyer des circonstances, et défendre la dérogation à la Charte, sur ce qu'elle était partielle et ne serait que temporaire ; il attaqua indéfiniment la liberté de la presse, et chercha à démontrer qu'il n'y a d'autre moyen que la censure pour en prévenir les abus et les dangers. M^r. B. de Constant publia en réponse à ce discours *des observations*, d'où il résulte que le ministre, presque toujours à côté de la question, méconnaît la Charte dans une de ses dispositions fondamentales qu'il devait respecter, et ne tire aucun parti de la situation extraordinaire qui seule pouvait justifier sa proposition. Mʳ. B. de Constant le réfute par des raisonnemens justes, pressans, tirés du fond des choses, tels enfin que le pouvoir, pour briller de tout son éclat, n'en devrait jamais employer d'autres. Toutefois, les limitations pour la publication des brochures, des pamphlets et des journaux, furent adoptées, et reçurent le caractère de loi ; mais en ce qui concerne les brochures et pamphlets, une ordonnance du 15 juillet 1815 déclare que « la restriction apportée à » la liberté de la presse par la loi du 21 octobre » 1814, présentant plus d'inconvéniens que d'a- » vantages, cette restriction est levée. »

D'après cette détermination, et la loi rendue lors de la dernière session, les seuls journaux restent soumis à une surveillance spéciale et préliminaire ; encore doit-elle cesser de plein droit au 1ᵉʳ. janvier prochain.

Les partisans de la liberté de la presse avaient donc gain de cause ; car chicaner le gouvernement pour quelques mois relativement aux journaux, c'eût été faire preuve d'un mauvais esprit, et se rendre coupable d'ingratitude envers un gouvernement qui s'exécutait de si bonne grâce, en renonçant de son propre mouvement à une partie des droits qui lui étaient conférés par une loi.

Dans toute cette discussion, on avait toujours dit, et il était bien entendu que le libre usage de la presse n'entraînait pas l'impunité de l'abus qu'on en pouvait faire, et que les écrivains répondaient devant la loi des atteintes qu'ils se permettraient de lui porter. Les tribunaux sont donc intervenus, et là il faut convenir qu'on a présenté d'étranges doctrines, dont le public a paru un peu étonné. Elles ont été suivies d'un silence non moins extraordinaire, et peut-être plus inquiétant; enfin, M^r. B. de Constant est jusqu'à présent le premier et à peu près le seul qui ait eu le courage de le rompre. Dans un écrit, celui peut-être de ses écrits déjà nombreux qui fait le plus d'honneur à son cœur et à son talent (1), il rappelle les principes posés par les orateurs du gouvernement et ceux émis dans les deux Chambres lors des discussions relatives à cette branche de la législation; il établit ensuite les principes professés devant les tribunaux, d'après les discours du ministère public et les considérans des jugemens rendus sur la matière; il les met en opposition avec ceux des Chambres et du ministère, et fait ressortir par ce rapprochement les vices de la jurisprudence qu'on substitue à la loi. Ainsi, l'histoire de l'établissement de la liberté de la presse parmi nous, qu'on peut regarder comme

---

(1) *Questions sur la législation actuelle de la presse en France; et sur la doctrine du ministère public, relativement à la saisie des écrits et à la responsabilité des auteurs et imprimeurs.*

un pénible accouchement, et celle des travaux de M#r#. B. de Constant dans cette partie, ne sont qu'une seule et même chose. Cette courageuse vigilance, quand même il se serait trompé en quelques points, lui mériterait encore la reconnaissance publique.

Dans cet état, il reste à assurer l'entière liberté des journaux; chaque jour, chaque instant en démontre la nécessité. Il n'est pas moins urgent de régler la marche des tribunaux, et pour ces derniers, ce sont des lois bien précises qu'il faudrait. Mais les lois les plus parfaites seront insuffisantes tant que les délits dits de la presse ne seront pas soumis à un jury, seul moyen de neutraliser l'influence de l'esprit de corps et de l'esprit de parti.

M#r#. B. de Constant a bien signalé le danger des restrictions apportées à la liberté de la presse, et celui de la jurisprudence qu'on voudrait établir, sans qu'il cesse pourtant de reconnaître, avec la Charte constitutionnelle, la nécessité de réprimer et de punir les écrivains qui enfreindraient les lois; mais il n'a pas poussé plus loin son examen; il reste toujours à chercher ce que sont et ce que peuvent être ces lois : questions d'une haute importance, et qui, à bien des égards, présentent les plus grandes difficultés. J'oserai les aborder, et j'essaierai, dans une première partie, de jeter quelque jour sur un sujet encore environné de nuages d'autant plus épais, qu'ils partent de points opposés; et comme la responsabilité des ministres, qui doit incessamment occuper le public et la législature, se lie à la liberté de la presse, attendu que les ministres auraient plus de sécurité si leurs rapports avec le Roi et avec l'Etat étaient définitivement réglés, si l'opinion à cet égard était fixée et satisfaite, j'examinerai cette question dans une seconde partie.

Je publie les idées qu'on va lire, parce qu'il me semble ne les avoir vues nulle part, au moins pour une grande partie, et parce que je crois que dans des circonstances aussi graves tout bon citoyen doit à sa patrie l'hommage de ce qu'il regarde comme essentiellement utile. Je serai concis, attendu que ces matières sont déjà devenues familières, et que des raisons qui me sont personnelles ne me permettent pas de me livrer à de longs développemens.

Je m'appuierai, ainsi que mon titre l'annonce, sur les écrits de M^r. B. de Constant; j'espère qu'on ne verra dans ce rapprochement qu'une entière abnégation, de ma part, de toute espèce d'amour propre, comme de toutes prétentions. D'ailleurs, il m'a toujours paru qu'au lieu d'une discussion isolée, il y avait un avantage pour une science quelconque à la reprendre au point où l'a laissée le dernier écrivain qui en a traité; ce doit être un moyen plus sûr de fixer les propositions qui sont incontestables, et de combattre celles qu'on regarde comme erronées, en y substituant ce qu'on croit être la vérité : le progrès de la science en est ainsi mieux déterminé et plus facile à saisir.

PREMIERE PARTIE.

De la Liberté de la Presse.

Puisque la presse est un instrument à l'usage de l'homme, il peut en abuser; mais pourquoi pense-t-on généralement que cet instrument doit être l'objet d'une législation à part? Pourquoi a-t-il été, jusqu'à l'époque de la révolution, soumis à une surveillance spéciale?

Manquons-nous de lois pour la répression et le châtiment des délits et des crimes commis par la voie de la presse?

Dans quel cas et comment la manifestation de la pensée peut-elle être l'objet d'une loi?

Quels sont à cet égard l'état et le caractère de notre législation?

En la considérant sous le rapport de l'ordre public et de la sécurité des individus, est-elle claire et sans inconvénient dans ses dispositions? Est-elle complète dans toutes ses parties, et relativement à tous les besoins?

Telles sont les questions que je vais successivement examiner.

CHAPITRE PREMIER.

Coup d'œil sur les causes pour lesquelles la presse, sous l'ancien régime, fut constamment soumise à une surveillance spéciale.

§. Ier.

Causes premières. Ces causes ne doivent plus exister.

On a dit à peu près pour ou contre la liberté de la presse tout ce qu'on pouvait dire. D'après l'ordre de choses qui nous régit, son utilité, il y a plus, sa nécessité est démontrée ; elle est consacrée par notre loi fondamentale : pourquoi donc tant d'hésitation, tant d'appréhensions, quand il s'agit d'arriver à la réalité ? Pourquoi, au moment où nous croyons la saisir, nous échappe-t-elle toujours, pour ne nous laisser que des espérances ? Comment se fait-il que des écrivains qui paraissent le mieux apprécier ses avantages, attribuent eux-mêmes ces retards au défaut d'une BONNE LOI SUR LA LIBERTÉ DE LA PRESSE, comme s'il n'y avait pas de lois à cet égard ? Par quelle raison les tribunaux ajoutent-ils, au moyen d'interprétations que quelques bons esprits regardent comme forcées, à la sévérité des lois, que l'on trouvait déjà rigoureuses ?

On se tromperait peut-être, si l'on n'attribuait cette espèce d'anxiété, ces contradictions entre les principes et la conduite, entre les engagemens pris et les déterminations effectives, qu'à des besoins du moment, réels ou imaginaires.

La presse, jusqu'à l'époque de la révolution, n'avait jamais été libre en France; il en était ainsi dans tous les états gouvernés d'après les mêmes principes. Et je ne vois pas qu'à l'époque de 1789, l'on fût assez pénétré de l'idée que cela devait être ; que supposer le contraire, c'est admettre que deux choses opposées peuvent exister simultanément.

Lors de l'invention de l'imprimerie, les nations étaient soumises à un triple joug : le despotisme féodal, politique et religieux. Il n'y avait d'autre droit que la force, et l'autorité n'avait d'autre but que la soumission. Or, la force n'a pas besoin de raisonnemens, le dogme encore moins ; tous les actes qui émanent de la force doivent participer de son inviolabilité; toutes les pratiques ou points de discipline imaginés pour le maintien et la propagation du dogme, se placent sous l'égide de son infaillibilité. Dans un tel état de choses, il ne reste à ceux qui y sont soumis qu'une seule faculté, celle d'un aveugle et respectueux silence. Tout moyen de communiquer les idées n'est pas seulement inutile, il est un danger : nul doute que si les puissans d'alors avaient prévu les conséquences de l'invention de la presse, ils n'en eussent opéré la destruction, au moins autant qu'il aurait été en eux. On se contenta de la censure et de l'inquisition : c'était montrer beaucoup de modération ou d'imprévoyance.

Il est vrai qu'indépendamment de l'invention nouvelle, beaucoup d'autres causes concoururent, à cette époque, soit avant, soit après, à imprimer un grand mouvement aux esprits. Les querelles des papes et des rois, celles des rois et des grands possesseurs de fiefs, la réforme de Luther, la découverte de l'Amérique, donnèrent lieu à un nouvel ordre d'idées, qui, à des temps plus ou moins rapprochés, devait amener un nouvel ordre de choses. Les droits de l'humanité se trouvèrent aux prises avec les usurpations de la force ; les discussions religieuses sur les dogmes, et bientôt des principes de tolérance, avec la domination du clergé ; le bien public avec les priviléges, soit des familles, soit des corporations ; le mérite réel avec les titres ; l'autorité publique ou monarchique, dans ce qu'elle a de pur et d'utile, avec les souverainetés partielles et les usurpations féodales ; les principes fondamentaux des sociétés et d'une législation appropriée aux besoins comme aux droits de tous et de chacun, avec des institutions fondées par le hasard et la violence, avec la bigarrure, l'insuffisance et l'incohérence de coutumes, qui tiraient leur origine des temps les plus barbares.

C'est dans ce chaos d'élémens hétérogènes, de doctrines insensées et contradictoires, d'intérêts opposés, de haine, de guerre, de proscriptions, des exterminations qui en ont été la suite, que se débat le génie de l'homme, depuis les temps d'ignorance et de honte, qui furent le berceau de ces déplorables et effrayantes absurdités, jusqu'à une époque trop rapprochée du moment où nous vivons.

Enfin, du fond de cet abime, un rayon de lumière d'abord imperceptible, se développe, se propage insensiblement, s'étend, et toujours croissant, il éclaire successivement tous les points d'un si vaste litige. Malgré les obstacles qu'on lui oppose, et les efforts qu'on fait pour l'affaiblir et l'éteindre, il révèle chaque jour avec plus d'évidence les vices que renferment les élémens des sociétés; il acquiert assez de force pour en faire disparaître ce qu'ils offrent de plus difforme et de plus odieux. Mais les principes du mal avaient été plutôt refoulés que détruits : à l'aspect du jour nouveau qui luisait pour l'humanité, il s'était, à la vérité, formé une aire déjà immense où elle pouvait enfin respirer. Toutefois, autour de cette enceinte, se trouvaient encore, comme dans autant de repaires, les élémens de son oppression; comprimés à la vérité, ils n'en exerçaient pas moins la plus funeste influence, et s'ils avaient moins d'empire sur les personnes, considérées comme êtres physiques, ils dominaient toujours les esprits, pour les contrarier ou dénaturer leur développement; ils étaient le fond et l'appui de tous les genres d'absurdités dans l'ordre politique, la législation, l'administration, la hiérarchie des pouvoirs et la domination ecclésiastique.

Il n'y avait pas dans l'Etat un seul point qui n'en fût plus ou moins infecté. Aussi, malgré les victoires remportées sans interruption par cet esprit, en quelque sorte invisible, plus puissant que la ligue de tous les genres de tyrannie, la presse ou la pensée n'était pas libre, parce que chaque partie intéressée, sous prétexte des droits de la religion ou du trône et du maintien de l'ordre, voulait garder au moins ce qui lui restait de ses prérogatives, de ses priviléges, de ses immunités.

Ces abus n'osent montrer leurs prétentions à face découverte ; mais ils savent se placer sous l'égide de la partie nécessaire et légitime des pouvoirs publics, dont ils sont l'ame et la garantie, si on les en croit ; ils l'effraient de leurs dangers : elle périt s'ils tombent. Aussi, tandis que l'opinion marche en avant, les gouvernemens, retenus par l'habitude, circonvenus, séduits, trompés par le langage de ce qui les compose et les entoure, se roidissent, luttent contre le torrent qui les entraîne, au lieu d'en diriger le cours; par une conséquence qu'il est facile de saisir, les changemens, qui pouvaient être à l'instant des améliorations, deviennent des catastrophes : c'est ainsi que s'est opérée notre révolution.

Aujourd'hui la raison publique a vaincu ; il n'y a plus de droits que ceux qui sont dans l'intérêt public ; et tout ce qui agit comme pouvoir sur les hommes, doit être coordonné à la plus grande utilité de tous. Il n'y a donc plus de raison d'arrêter la communication des idées, n'importe le moyen qu'on emploie pour y parvenir, puisqu'il n'y a plus d'institution fondée sur la violence, l'erreur, ou des intérêts particuliers. Comment donc se fait-il que l'on ait proposé des lois qui restreignent les dispositions de notre loi fondamentale, si bien adaptée à notre position actuelle, aux intérêts du trône et à ceux de l'Etat; intérêts, on ne peut trop le répéter, qui sont toujours les mêmes?

Il ne faut pas attribuer seulement cette déviation à une vieille habitude, à l'erreur qui met sur le compte de la presse les maux qu'on a soufferts, ceux qu'on prévoit et qu'on redoute; il en est une cause plus réelle, et qui remonte plus haut. Le sol politique est nétoyé, mais tous les cerveaux ne le sont pas. Il est des hommes qui veulent conduire le présent avec les idées du passé; et tel plan dont l'adoption est salutaire, indispensable, leur paraît un danger, parce qu'ils en jugent d'après un ordre de choses qui n'est plus. Celui-là craint pour la monarchie, sans réfléchir que la monarchie qui est dans son souvenir, n'est plus celle qui nous gouverne; celui-ci parle toujours de la religion, comme si elle était dominante, sans songer que la tolérance est consacrée, et qu'on n'a enlevé à la religion que le droit d'exclure et de persécuter; tel autre attaque directement ou indirectement l'ordre qui nous régit, ou ne paraît s'y soumettre qu'en traçant les plans de sa destruction; celui-ci n'en veut qu'aux personnes seulement; et ceux-là, en prenant l'état des choses tel qu'il est, ne voient que des crimes dans les travaux et les événemens qui l'ont préparé.

Je n'accuse personne de mauvaise foi ; je suis convaincu que rien n'a été fait que dans les meilleures intentions ; mais on s'est laissé tromper par les apparences. Que l'on aille au fond des choses, et l'on verra que c'est réellement à ce reste d'efforts, dans le sens d'un régime qui devrait être oublié, que nous devons les entraves de la presse. Faites que l'on marche sur les idées nouvelles comme s'il n'y en avait jamais eu d'anciennes, qu'on administre comme si nous n'avions jamais eu d'autres principes de gouvernement que ceux qui nous régissent maintenant, non-seulement on ne cherchera point à restreindre la liberté de la presse, on n'y pensera même pas ; que dis-je, on la regardera comme une sauve-garde nécessaire, indispensable, puisque la raison publique et les principes consacrés dans notre gouvernement étant d'accord, toute entreprise partielle dans des intérêts différens ou opposés, se briserait contre cette double puissance.

Tant qu'il y aura confusion dans les idées, il y aura inconséquence et contradiction dans les déterminations. Telles sont les causes premières auxquelles je n'hésite pas à attribuer les lois d'exception que l'on a proposées sur la liberté de la presse ; il suffit, pour s'en convaincre, de lire plusieurs des discours prononcés dans la discussion de ces lois, qui elles-mêmes en sont une preuve irréfragable, puisqu'elles sont en opposition formelle avec la lettre et l'esprit de nos institutions.

Rendre à la pensée et à la presse leur indépendance, c'est consacrer un des résultats les plus nécessaires de la révolution, et adopter le moyen le plus efficace pour neutraliser tout ce qui pourrait faire obstacle au gouvernement; car ces exceptions ne sont que des priviléges accordés à l'erreur, et l'erreur, pour le gouvernement actuel, est plus à redouter que ne le fut à aucune époque la vérité pour l'ancien.

§. II.

Autres réflexions sur la nécessité et la difficulté de rendre à la presse une entière liberté.

« Les maux d'un État, dit de Lolme, ne venant
» pas seulement du défaut de ses lois, mais encore
» de leur inexécution, et d'une inexécution qui
» est souvent telle, qu'il est impossible de la sou-
» mettre à des peines, ou même à des qualifica-
» tions déterminées, on a imaginé dans plusieurs
» États un moyen qui pût suppléer à l'imperfection
» des législations, et commencer où elles finissent :
» je veux parler de la censure...... »
Mais il trouve dans un tribunal particulier de censure de très-grands inconvéniens. « N'étant
» établi que pour prononcer sur des cas qui sont
» hors de la règle, il ne peut être soumis à aucune
» règle : d'ailleurs, par la nature de la chose, il
» ne saurait avoir de contre-poids constitutionnel,
» et il présente le spectacle d'un pouvoir entière-
» ment arbitraire...... »

Selon le même auteur, « le pouvoir censorial
» doit être laissé au peuple. L'opinion générale
» formant seule le ressort de ce pouvoir, on ne
» saurait atteindre le but qu'en faisant que cette
» opinion même soit déclarée : c'est uniquement
» d'elle qu'il doit être question; et il faut par con-
» séquent que ce soit le peuple lui-même qui parle
» et la manifeste...... »

Enfin il ajoute : « On peut donc compter comme
» un nouvel et très-grand avantage la liberté que
» les lois laissent au peuple, d'examiner et de cen-
» surer la conduite du gouvernement, et de tous
» ceux qui en administrent quelque branche. »

On ne contestera pas la première de ces propositions; c'est-à-dire, qu'il peut y avoir, tant de la part des gouvernemens et de leurs agens, que de celle des particuliers, une foule d'actes plus ou moins répréhensibles, quoique les lois ne puissent les atteindre.

La seconde proposition porte avec elle la même évidence : un tribunal qui n'est soumis à aucune règle, soit pour agir, soit pour prononcer, est nécessairement une institution arbitraire et tyrannique.

Quelle sera donc la peine de ces actes que l'on ne peut qualifier délits, et qui pourtant offensent la société ? Trop subtils, en quelque sorte, pour tomber sous le sens de la loi, resteront-ils inaperçus et impunis ? Non : quelqu'adresse qu'on mette à les dissimuler, ils n'échapperont point aux regards perçans de la population; les faux dehors, les vues secrètes, les moyens détournés, les intentions perfides, les préférences qui sont des injustices ou un scandale, ne la tromperont point; le sentiment qui lui révélera à chaque instant le caractère, et jusqu'aux moindres nuances des actions qui se rapportent à sa conservation et à son bien-être, formera en définitive cette opinion publique, première garantie de l'ordre établi, parce qu'elle tend à y rappeler sans cesse tout ce qui s'en écarte; de cette opinion publique dans laquelle le mauvais citoyen, le fonctionnaire infidèle trouve à la fois son juge et son châtiment.

Mais si elle sait découvrir jusqu'aux plus petites traces de la fausseté et de la perfidie, elle n'est pas moins soigneuse de reconnaître et de proclamer les vertus et les véritables services; elle en est encore l'organe le plus puissant, la récompense la plus noble et la plus flatteuse. En effet, c'est l'opinion publique qui distingue, pour élever ou pour flétrir; qui distribue l'éloge ou le blâme, l'honneur ou l'opprobre : d'où l'on peut conclure que ce qu'on appelle opinion publique est l'état actuel de la raison d'un peuple, l'ensemble fixe d'idées et de principes auxquels il rapporte sa force et son bonheur.

Puisque cette opinion se compose de ce qu'il y a de plus généralement dominant dans chaque opinion particulière, il est encore évident que rien ne peut la remplacer, ni lui être substitué, car alors ce ne serait plus l'opinion publique. Il n'est pas moins évident que c'est au peuple à déclarer cette même opinion, qui n'est jamais douteuse aux yeux de l'impartialité et de la bonne foi. Les écrivains n'en sont que les organes, que les crieurs, s'il m'est permis de parler ainsi : mais, dira-t-on, les écrivains sont presque toujours, surtout dans les matières politiques, d'un sentiment opposé. Il peut encore se trouver entre les extrêmes, des opinions tempérées, mixtes : à quel signe reconnaîtra-t-on celle de ces opinions qu'il faut préférer ? Ce sont toujours les masses elles-mêmes qui reconnaissent leurs opinions dans l'expression des écrivains. Ceux-ci ne sont point les maîtres d'y substituer les leurs. Nous en avons eu sous les yeux des preuves sans réplique dans les tentatives constamment renouvelées d'écrivains qui ont prétendu être exclusivement les interprètes de la raison publique et des intérêts de la patrie : ils n'ont trompé personne, pas même aux époques qui devaient leur être plus particulièrement favorables.

L'opinion publique consiste donc dans la tendance et la volonté qu'a un peuple de maintenir un certain ordre d'idées et de choses, dans lesquelles il place sa sécurité et son honneur, par conséquent sa force et sa gloire.

La manifestation de cette opinion est le guide infaillible de l'homme public, comme elle en est la censure la plus sévère, lorsqu'il s'en écarte.

Toutes les voies par lesquelles elle peut se manifester ne sauraient donc jamais être assez libres; mais si l'agent de l'autorité, au lieu de leur laisser une entière liberté, les ferme; s'il change les rôles, et si, à la force de la loi dont l'exécution lui est confiée, il joint la censure de la censure, c'est-à-dire, la faculté d'imposer silence à cette censure, qui est l'organe de l'opinion de la population, ou s'il est maître de faire parler la presse à son gré; dans ce cas, l'ordre n'est pas seulement déplacé, renversé, il est détruit; il n'y a plus de contre-poids, et les abus peuvent être sans nombre là où il n'y a plus de voix pour les signaler.

Il pourrait même arriver que tout ou partie des publications journalières d'écrits fussent en sens inverse de l'opinion générale et de la vérité; que, par suite, on tombât dans les erreurs les plus dangereuses sur les hommes, sur les choses, sur le caractère et l'esprit des événemens; enfin, que tout fût interverti, jusqu'au langage, et que les mots ne fussent plus employés dans leur acception connue. Dans une semblable position, il est difficile, et pourtant indispensable, de revenir à la liberté de la presse, seul moyen de s'entendre, de dissiper d'injustes préventions, et de rendre aux hommes, comme aux choses, le caractère qui leur est propre.

Cette situation si pénible d'une marche absolument fausse fut celle où se trouva l'Angleterre sous Charles II et Jacques II. Comment la presse eût-elle été libre avec les proscriptions du premier, les cruautés et les tentatives absolument contraires à l'esprit public, du second? Aussi les anglais ne jouirent-ils de la liberté de la presse que lorsque la conduite du gouvernement fut en harmonie avec les vœux et l'opinion de la nation.

Il faudrait maintenant faire l'application de ces observations générales à notre situation ; mais la prudence me dit avec Horace :

Periculosæ plenum opus aleæ.

§. III.

Erreur dans la manière dont on envisage la question relativement à la législation sur la liberté de la presse.

On ne peut calculer jusqu'à quel point la force de l'habitude agit sur ceux qui veulent absolument regarder la presse autrement que les autres instrumens dont nous faisons habituellement usage. Tous les jours vous entendez dire : Il faut que l'on fasse *une bonne loi sur la liberté de la presse*, façon de parler tout à fait absurde ; d'autres demandent *une bonne loi* pour la répression des délits commis par la voie de la presse ; ce qui supposerait qu'on pourrait tout faire impunément par cette voie. Ce dernier langage, pour être moins étrange, n'en est pas moins irrégulier ; il est l'effet des mêmes préventions. Ces expressions prouvent combien nos idées sont confuses sur ces matières, et que nous sommes encore singulièrement éloignés de les concevoir dans leur simplicité et sous leurs véritables rapports.

L'épée, le fusil, le poignard sont des instrumens

bien plus dangereux que la presse : s'est-on jamais avisé, non pas de demander, mais seulement de parler d'une loi sur la liberté de l'épée, la liberté du fusil, la liberté du poignard ? A-t-on même jamais conçu l'idée de faire une loi sur les délits qu'on peut commettre avec l'épée, le fusil ou le poignard ? Pourquoi donc la presse jouit-elle d'une distinction si singulière ? Il faut le demander à tous les genres de dominations usurpées, exagérées, et qui trouvaient leur principe ou leurs moyens dans des erreurs qu'ils ne pouvaient se cacher à eux-mêmes, puisqu'ils craignent tant le plus léger examen.

Il est impossible de faire une loi sur une liberté quelconque, c'est-à-dire, sur une faculté intellectuelle, ainsi que sur les instrumens dont elle a besoin pour parvenir à son but. Il y a dans cette manière de procéder des obstacles invincibles qui naissent de la nature des choses. On ne peut pas plus diriger législativement une faculté, et lui assigner des limites dans l'avenir, qu'on ne peut dire pourquoi et comment nous pensons.

Sans adopter le système d'une perfectibilité indéfinie, toujours est-il qu'il n'appartient point à l'esprit humain de fixer les bornes de sa propre capacité. Il sait, par exemple, qu'il ne comprendra jamais Dieu dans son essence et son immensité ; mais il ne peut pas dire où est le terme de ses forces dans les sciences physiques, morales et politiques. Or, vouloir régler d'avance l'emploi d'une liberté, d'une faculté, c'est vouloir agir sur son esprit comme si l'on en comprenait les dimensions et l'étendue, ce qui est impossible ; c'est supposer dans le législateur une prescience ou une prévision qui ne lui a pas été accordée, quelles que soient d'ailleurs la supériorité de ses lumières et la puissance de son génie.

On ne procède pas mieux en parlant d'une loi qui réprime les *délits de la presse*, parce que c'est aller de l'instrument ou de l'action à l'objet que l'on veut préserver. Comment imaginer, prévoir et signaler tous les moyens d'après lesquels on peut faire usage de cet instrument ? On retombe dans le cercle vicieux que je viens de décrire. Est-il aisé de se faire une idée de ce que serait une législation ainsi divisée par tous les objets qui peuvent devenir des moyens de dommage, depuis le pied ou le poing jusqu'au canon, depuis le vin frelaté jusqu'aux poisons les plus subtils ? car tout ce qui est à la disposition de l'homme pouvant devenir nuisible dans ses mains, il faudrait que chaque substance, comme chaque instrument, eût son code.

Il faut au contraire aller de l'objet à l'action, et déterminer de quoi l'on veut préserver cet objet, les garanties dont on veut l'environner, ou les avantages qu'on veut lui assurer. S'il existe un moyen de nuire plus redoutable, c'est le cas de frapper d'une peine plus forte celui qui emploie ce moyen : ainsi, l'on punira différemment l'individu qui détruit un bâtiment par un incendie ou par une mine, que celui qui le détruirait en se donnant la peine de le démolir pièce à pièce, quoique n'en ayant aucun droit; mais on n'a pas jusqu'à présent eu l'idée de faire une loi sur les délits qu'on peut commettre avec le feu ou la poudre à canon : pourquoi donc une loi sur les délits de la presse ?

On fait des lois pour la sureté publique, pour celle des personnes, pour la garantie des propriétés, et l'on établit des peines selon les moyens employés pour y porter atteinte. La presse peut être au nombre de ces moyens : c'est alors qu'elle sera désignée par la loi; toute autre manière de procéder est impraticable.

Concluons que ces vœux d'une loi *sur la liberté de la presse*, sur les *délits commis par la voie de la presse*, sont induement exprimés, qu'ils ne sont autre chose que l'effet de notre inexpérience en fait de liberté, et l'expression de notre ancienne servitude; concluons encore que la presse doit être considérée comme tous les autres instrumens dont on peut abuser.

§. IV.

Des circonstances ou des inconvéniens du moment.

J'admets des circonstances de toutes les espèces : quels que soient leur singularité, leur gravité, leur danger, elles ne justifieront jamais les atteintes portées à la liberté de la presse; ce qui ne suppose pas l'impunité des écrivains qui, par suite de ces circonstances, seraient devenus criminels. Remarquez bien que c'est toujours dans la vue d'intérêts secondaires qu'on s'arrête à des mesures arbitraires, et même sur ces intérêts on se trompe encore.

Prenez le sujet d'une discussion aussi délicate que vous puissiez l'imaginer, ou supposez un fait extraordinaire qui touche à beaucoup d'intérêts ; admettez ensuite qu'un agent de l'autorité redoute et empêche cette discussion, ou qu'il croie utile de cacher ou de dénaturer le fait; examinez ses motifs : vous vous démontrerez avec une égale facilité et l'intérêt qu'avait l'Etat à la publicité de la discussion, ou à l'exactitude du récit, et celui qu'avait l'agent au silence ou au mensonge; poussez plus loin votre examen, et vous découvrirez que dans l'intérêt même de ce dernier, il a pris le plus mauvais parti.

J'ai fait cet essai sur une foule d'objets et dans un grand nombre d'occasions ; toujours j'ai obtenu les mêmes résultats, c'est-à-dire, que la plus grande utilité était dans la liberté et la vérité. Le silence et le mensonge n'inspirent que le soupçon et la défiance ; ils n'enfantent que des désordres.

Jamais la presse ne fut moins libre que sous le dernier gouvernement; dans aucun temps on ne dissimula les faits avec plus de soin et plus d'impudence; il n'était pas même permis d'écrire sur les questions les plus abstraites d'administration, et, en général, d'économie politique. On connaît l'apostrophe d'un de ses ministres à l'auteur de la tragédie de...: « Qui vous a dit de faire des tragédies ? » croyez-vous que si le gouvernement a besoin de

» tragédies, il ne saura pas bien en faire faire ? »
Cette oppression devait exister, puisque le gouvernement s'éloignait chaque jour davantage de l'intérêt et du vœu national. On pourrait croire que, par la même raison, c'était être conséquent que de taire les faits, de les mutiler, de les dénaturer ou de les exagérer selon l'occurence, afin de les coordonner à des vues entièrement étrangères au bien public. J'ai constamment observé, et beaucoup d'autres sans doute auront remarqué comme moi, que sous ce gouvernement, tout violent qu'il était, il y aurait eu tout à gagner, non pas à laisser la presse libre, ce qui était impossible, ainsi que je l'ai démontré plus haut, mais, en ce qui touche au moins les faits, à les raconter tout simplement, tels qu'ils s'étaient passés. Les craintes et les exagérations, qui naissent du doute et de l'incertitude, furent toujours plus dangereuses que la réalité.

On serait moins effrayé de l'usage de la presse, si l'on faisait attention qu'il n'y a point d'événement qui n'ait ses antécédens toujours faciles à saisir et à expliquer, ainsi que sa cause immédiate et occasionnelle, qu'il ne faut pas confondre avec la cause première, et qu'il est tout aussi aisé d'apercevoir. Un événement est un produit qui, comme tous les produits, a besoin de germe et de développement ; un événement a toujours pour principe une fausse position, des erreurs sur les choses et les personnes, des illusions sur la disposition des esprits ; la violence, le mensonge, la complicité des individus revêtus du pouvoir. Cette dernière condition est même indispensable pour qu'une machination soit sérieusement à craindre: autrement elle peut troubler l'Etat; mais elle n'atteindra jamais jusqu'à son gouvernement. Dans aucun cas, ce ne seront point des écrits ni aucune autre combinaison de moyens qui amèneront à l'instant même une catastrophe; ils seraient tout au plus une cause occasionnelle d'éclat, et sous ce point de vue, ils offriraient un avertissement salutaire.

Les circonstances d'ailleurs peuvent donner lieu à une législation plus sévère, à étendre les cas prévus par la loi, à défendre ce qui, dans d'autres temps, eût été regardé comme indifférent. Ces précautions ne portent aucune atteinte ni aux principes, ni aux garanties, du moment qu'elles ont le caractère de loi. La prévoyance est un des devoirs des gouvernemens, et la sévérité n'est pas de l'arbitraire. Des dispositions législatives, claires, précises, même inutiles, même portées trop loin, n'effraieront jamais le bon citoyen. L'arbitraire l'effraiera, d'autant plus que c'est à peu près lui seul qui en est la victime, parce qu'il n'existe guères qu'au profit de l'intrigue, quelque pures que soient les intentions du pouvoir.

Ceci n'implique point contradiction avec ce que j'ai dit au §. 3, qu'il est impossible de faire *une bonne loi sur la liberté de la presse,* ni même *sur les délits de la presse.* Encore une fois, il faut faire de bonnes lois pour la conservation des personnes et des choses; et si la presse est un des moyens par lesquels on les attaque, on doit punir ceux qui s'en servent : mais ce n'est qu'à propos des personnes et des choses qu'on peut arriver à la presse, comme à tous les objets qui deviennent des instrumens de dommage.

§. V.

Des Opinions.

M^r. B. de Constant a démontré jusqu'à l'évidence dans celui de ses écrits qui a pour titre : *Réflexions sur les constitutions et les garanties*, au chapitre qui en traite, que, dans aucun cas, les opinions ne peuvent être soumises à une censure, et dans ses *Questions sur la législation actuelle de la presse*, il soutient, appuyé sur le rapport fait dans l'objet à la Chambre des Pairs, par M. le comte Abrial, que des opinions ne peuvent jamais être des délits, et par conséquent, qu'elles ne sont du ressort ni de la législation, ni des tribunaux.

Dans les sciences physiques, morales et politiques, ou l'on a découvert la vérité, ou elle est encore cachée. Dans le premier cas, il ne faut pas craindre qu'on l'obscurcisse; toutes les attaques qui lui seraient portées ne feraient qu'en démontrer l'évidence. Lorsqu'on aura une fois découvert que deux et deux font quatre, tous les efforts de l'ignorance, ou d'un mauvais esprit, ne parviendront pas à faire prévaloir que deux et deux font cinq. Il n'en sera pas de même de ces vérités sur parole, que le plus léger examen fait pâlir : c'est que, dans ce cas, ce ne sont pas de bonnes vérités ; ce ne sont alors que des erreurs consacrées, qu'il faut bien se garder de soutenir. Si la force de l'état était employée dans de telles vues, le public ne serait pas seulement privé de ce qu'il y a de plus salutaire pour lui, la vérité ; mais un gouvernement se placerait dans une situation violente ; il préparerait des troubles et des catastrophes ; il attirerait sur lui le ridicule et la honte : car il n'est pas le maître d'en imposer à ces esprits curieux, patiens et scrutateurs, que rien ne peut arrêter, quand ils sont sur la voie des recherches dont ils s'alimentent. L'inquisition fait jeter Galilée dans un cachot, et Galilée, chargé de fers, n'en crie qu'avec plus de force : Vous avez beau faire, la terre tourne, *e ben si muove!*

De telles mesures sont inutiles et impraticables : inutiles, car toutes les opinions, bonnes ou mauvaises, dangereuses ou salutaires, sont dans nos bibliothèques ; impraticables, parce qu'on ne pourra jamais caractériser comme délits des opinions, sans se jeter dans un labyrinthe inextricable, et sans établir une inquisition tout à la fois religieuse et politique.

Les opinions sont donc dans le domaine de la pensée, et aucun pouvoir ne peut et ne doit vouloir les atteindre.

Mais, dira-t-on, sous prétexte d'émettre une opinion, on pourra donc attaquer impunément le principe fondamental du gouvernement. Ce n'est pas seulement là une opinion, c'est un fait que la loi peut prévoir, et qu'elle doit réprimer.

§. VI.

Des Journaux.

Une seule observation devrait suffire sur les journaux : dépositaires des opinions de ceux qui les composent, ils doivent être libres et inattaquables comme ces opinions elles-mêmes, tant qu'elles ne deviennent pas un fait défendu par les lois.

Sans doute il est fâcheux que tous les hommes ne soient pas unanimes dans la manière de voir ce qui est bien. Au milieu de cette divergence des opinions et des doctrines, il n'y en a qu'une qui soit réellement bonne, et les journaux, partisans de l'erreur, ont toujours cet inconvénient, qu'ils entretiennent dans leurs lecteurs un mauvais esprit, et nuisent par-là à cette harmonie, à cette tendance commune, qui feraient la force de la patrie, et qui rendraient l'ordre imperturbable. C'est un malheur attaché à la condition humaine, et qu'il faut supporter tant que ces oppositions d'opinions ne donnent pas lieu à des troubles, à des complots, à des entreprises criminelles ; et il convient de remarquer que, dans ce cas, les journaux ne doivent pas être considérés comme causes : ils ne font qu'exploiter une opinion préexistante et des desseins formés, qui ont leur principe dans des circonstances préparées d'avance. Hors de là, et tant que les journaux n'ont pas derrière eux une faction flagrante, dont ils ne sont que les manifestes, l'expérience nous a appris combien ils sont des armes faibles contre la vérité.

Pendant onze ans, Bonaparte livra sans réserve les doctrines les plus salutaires, les principes les plus sacrés, les actions les plus honorables, les réputations les plus justement acquises et les plus brillantes, aux bouffonneries, aux sarcasmes, aux outrages du feuilliste le plus impudent qui fût jamais. On peut dire qu'il n'y avait de liberté que pour lui, et pour lui seul; ses attaques étaient journalières; elles se présentaient à propos de tout, et sous toutes les formes. Non-seulement il était impossible de lui répondre directement, mais il n'était pas permis d'écrire sur des matières qui eussent le plus léger trait à la politique, au gouvernement et à l'administration. Malgré la violence de ces attaques, leur étendue, leur durée, l'appui qu'elles recevaient d'un parti qui s'est constamment montré l'ennemi de toute idée raisonnable en France, l'approbation et les encouragemens de l'autorité, qu'ont-elles produit? Elles n'ont fait que donner aux réputations méritées plus d'éclat, aux idées saines et généreuses plus de force et d'intensité.

A d'autres époques, la même entreprise a été tentée peut-être avec plus de fureur et plus de licence. Le même esprit national en a acquis d'autant plus d'énergie. C'est un fait qu'il a été facile d'observer, et qu'on se dissimulerait vainement.

Je ne dirai pas seulement avec M^r. B. de Constant : « Il faut que les journaux soient libres ; quand
» ils ne le sont pas, ils empêchent bien l'opinion
» de se former, mais ils ne la forment pas ; ils la
» maîtrisent encore moins : elle peut s'égarer,
» mais dans un sens opposé, en s'exagérant. »

Je vais plus loin : Par la raison qu'on ne fait la guerre aux opinions que parce qu'on en a adopté de fausses, on ne gêne la liberté des journaux que par suite de systêmes qui, à dessein ou sans qu'on s'en aperçoive, sont en opposition avec l'intérêt public. Il y a deux choses dans un gouvernement : son principe et sa doctrine. Attaquer son principe, c'est se mettre en révolte ; il n'y a pas là de question. Il en est bien autrement sur le second point : dans la marche du gouvernement, on peut être inconséquent, agir contre son principe, adopter de fausses doctrines, se méprendre sur les faits, etc. Si un écrivain fait de ces erreurs, ou de ce qu'il regarde comme des erreurs, le sujet de ses observations, en cherchant à les démontrer, et qu'on le signale comme coupable par cette raison-là même, c'est que l'on confond alors le principe du gouvernement avec ses moyens d'action, ce qui est fondamental avec des doctrines qui ne sont qu'accessoires, sur lesquelles on peut se tromper, sur lesquelles on se trompe, qui, par conséquent, peuvent et doivent être des sujets d'examen et de discussion.

On ne trouble cet examen, cette discussion, que parce que des élémens hétérogènes se sont introduits dans le corps politique, et que l'on a placé des garanties sur des méprises. On préfère une fausse sécurité à des recherches fatigantes, ou à des résultats dont on se croirait humilié, parce qu'on ne les a pas aperçus d'abord. Un des grands dangers du pouvoir est dans sa tendance à croire à son infaillibilité.

La fréquence des avis et leur pleine liberté sont les seuls remèdes à ce danger.

Les journaux agissent puissamment sur l'opinion, comme le prétend M^r. B. de Constant, mais ils ne la forment pas ; ils fortifient ceux qui en ont une bonne ; ils rendent plus opiniâtres ceux qui en ont une mauvaise, et voilà tout.

M^r. B. de Constant, en considérant les journaux comme créateurs de l'opinion, ajoute : « Cette in-
» fluence paraît inviter l'autorité à les tenir sous
» sa dépendance, puisqu'elle peut, en les subju-
» guant, empêcher la circulation de ce qui lui dé-
» plaît, et trouver par ce moyen un préservatif
» efficace. »

Oui, si les journaux formaient l'opinion ; mais, ainsi que je l'ai dit plusieurs fois, comme l'opinion est faite, si le gouvernement se met en opposition avec celle qui est générale, il parvient seulement à l'irriter, et à coup sûr il éloigne la confiance.

Cette observation ne frappe point Mr. B. de Constant ; il prétend seulement que, dans ce cas, *l'opinion de toute la France n'est que le reflet* de l'opinion de Paris ; il explique par-là tous les événemens de la révolution. C'est Paris qui a tout fait, ou tout s'est fait au nom de Paris. On ne voit, selon lui, rien de pareil en Angleterre : « les agitations qui se font sentir à Londres ne troublent point les autres parties du royaume. Quand lord Georges Gordon, en 1780, souleva la populace, il ne vint dans la tête de personne que le gouvernement était menacé. Il n'est pas désirable pour l'autorité, ajoute-t-il, que toute la force morale de trente millions d'individus soit l'instrument aveugle d'une seule ville : il est donc essentiel pour le gouvernement de créer une opinion juste, forte et indépendante, et les journaux seuls la créent ; mais pour qu'ils produisent cet effet, il faut qu'ils soient libres. »

Ne semble-t-il pas, d'après ce langage, qu'il n'y ait jamais eu d'opinion publique en France ? Est-ce qu'il n'y avait pas d'opinion publique dès l'aurore de la révolution ? Qui donc portait les citoyens en foule à ces fédérations brillantes, où l'unanimité de sentiment le disputait à l'enthousiasme ? Une harmonie aussi parfaite, d'un si heureux présage, ne dura pas long-temps, il est vrai ; mais ce n'est pas, sans doute, à Mr.B. de Constant qu'il faut en découvrir la cause. N'y avait-il pas d'opinion publique, lorsqu'à la fin de 1792 toute la jeunesse française volait aux frontières, lorsque, sans expérience, sans officiers, sans habits, presque sans armes, elle remportait des victoires sur les vieilles phalanges des nations liguées contre la France ? Cette opinion ne s'est jamais démentie ; vous la retrouvez toujours, soit pour mettre un frein à sa propre exagération, soit pour repousser et faire rentrer dans l'ombre son éternelle ennemie. Elle est maintenant réalisée dans nos institutions. Voyez comme elle s'y attache ; avec quelle énergie elle se manifeste, malgré tant d'efforts pour la comprimer ou l'entraîner dans de fausses routes.

A coup sûr cette opinion n'est point le reflet de l'opinion de Paris : si Paris a été le centre des événemens, c'est que là était le centre du pouvoir ; si les événemens ont dominé la France, ce n'est pas parce que les habitans de Paris l'ont ainsi voulu ; c'est parce qu'ils étaient conçus et exécutés au sein même des pouvoirs publics. Si les départemens se soumettaient, ce n'était point en aveugles ; mais la France soutenant au dehors une guerre étrangère, les citoyens menacés sans cesse au sein de leurs propres foyers, dans leurs plus douces espérances et leurs vœux les plus ardens, craignaient plus encore des désordres qui eussent été favorables à leurs ennemis, que des déterminations qui, pour être violentes, ne portaient cependant aucune atteinte à la puissance nationale ; ils préféraient une soumission pénible à une guerre civile et à une invasion étrangère. Loin que tout se soit fait au nom de Paris, cette ville ne fit autre chose que de donner l'exemple de la résignation et de l'obéissance; et loin que la force morale de trente millions d'individus n'ait été que l'instrument aveugle d'une seule ville, Paris n'a été tout au plus que l'instrument des événemens, et le premier moyen d'action des autorités supérieures.

L'exemple de lord Gordon est ici sans application : la France n'a jamais obéi à une émeute, mais à ceux qui étaient chargés du gouvernement de l'état.

La force morale du gouvernement n'a jamais été dans Paris; elle ne peut y être; elle ne se placerait même qu'avec un très-grand danger dans une fraction plus nombreuse de la population, mais qui ne pourrait être regardée comme la nation.

J'ai relevé ces erreurs de M^r. B. de Constant, parce que son talent, ses opinions, et surtout ses bonnes intentions, leur donnent du poids, parce que souvent, lorsqu'il explique les événemens de la révolution, il s'abandonne trop légèrement aux premières apparences, et fait à une opinion, qui certes n'est pas la sienne, des concessions qui sont nuisibles, par cela seul qu'elles ne sont pas fondées: car le grand malheur pour nous, surtout dans le moment actuel, est dans l'oubli de toute espèce de justice et de vérité. Lorsqu'on juge les événemens de la révolution, on ne se rappelle pas assez que le passé est père du présent.

Le gouvernement peut diriger une opinion dans

le sens de ce qu'elle a de plus sage et de plus utile; il ne la crée point : l'opinion, franchement dirigée, absorbe toutes les opinions partielles qui lui sont opposées. Réduite à ces termes, la proposition de M^r. B. de Constant est incontestable. La liberté de la presse seule peut remplir cet office ; mais elle ne le peut que pour l'opinion qui est vraiment nationale.

§. VII.

Du Jury.

Je me réunis à tous les écrivains qui ont pensé que les délits auxquels la presse peut avoir part, ne doivent être jugés que par jurés. Tout ce qu'ils disent à ce sujet me paraît sans réplique. Quelle que soit la législation, sans cette condition, elle donnera lieu aussitôt à des interprétations funestes, et à une jurisprudence oppressive, destructive de toute liberté.

J'avais pensé d'abord que lorsque les délits n'atteignaient que des particuliers, les plaintes pouvaient être portées sans inconvénient devant les tribunaux de police correctionnelle; j'y trouvais même un avantage, à raison de la plus prompte expédition des affaires; mais en réfléchissant que, dans ces attaques, on employait trop souvent une multitude de moyens détournés, j'ai fini par me ranger à l'opinion qu'il n'y avait que la conscience du jury qui fût capable de répondre aux ruses et aux détours de la malignité.

CHAPITRE II.

Etat actuel de la législation relativement aux délits commis par la voie de la presse.

§. Ier.

Dispositions générales.

Quand on a entendu des orateurs dans les tribunes publiques, et quand on a lu dans plusieurs écrits récemment publiés, même dans ceux de M^r. B. de Constant, qu'il nous faut *une bonne loi sur la liberté de la presse*, il semble qu'à cet égard le législateur soit tombé dans un oubli complet, et qu'on puisse impunément abuser de cette liberté. Il n'en est point ainsi. Parmi les rédacteurs du Code pénal, il y avait des hommes trop éclairés, pour se méprendre sur la nature et le caractère de cette partie de la législation : aussi ne trouve-t-on point dans ce Code de titre qui ait pour objet *la liberté de la presse*, mais bien, selon l'ordre des matières, *des dispositions relatives à la part que l'emploi de la presse ou les écrits imprimés peuvent avoir aux délits ou aux crimes* qui y sont prévus.

C'est ainsi qu'au livre III, chap. 1er., qui traite des crimes contre la sureté intérieure de l'état, sect. 2, §. 2, l'article 102 déclare coupables des crimes et complots mentionnés dans cette section ceux qui..... *par des placards, par des écrits im-*

primés, auront excité directement les citoyens ou habitans à les commettre.

Les paragraphes 2 et 3 de la section 3, chap. 3, art. 201 jusqu'à 206 inclusivement, classent au nombre des délits « les critiques, censures ou pro-
» vocations dirigées contre l'autorité publique,
» dans un *discours pastoral* prononcé publique-
» ment..... Les critiques, censures ou provoca-
» tions dirigées contre l'autorité publique, dans
» un *écrit pastoral.* »

On a prétendu que ces dispositions étaient seulement de circonstance, et qu'elles ne devaient point trouver place dans un code de lois fixes et durables : c'est oublier à la fois le caractère d'actes semblables, la puissance et le danger de leur influence, les désordres dont tous les siècles et toutes les époques fournissent de trop nombreux et de trop funestes exemples.

Au paragraphe 1er. de la section 4, qui traite de la rébellion, l'art. 217 déclare coupable de ce crime « quiconque y aura provoqué, soit par
» des discours tenus dans des lieux ou réunions
» publics, soit par placards, affiches, *soit par*
» *écrits imprimés.* »

La section 6 du même chapitre a pour titre : *Délits commis par la voie d'écrits, images ou gravures, distribués sans noms d'auteurs, imprimeurs ou graveurs.*

Ainsi, la clandestinité est aussi prévue et réprimée par ce même Code pénal.

On peut faire des menaces par des écrits anonymes ou signés ; elles sont signalées et punies par l'art. 305, §. 2, sect. 1re., chap. 1, tit. II.

Enfin, les art. 367 et suivans, section 7, §. 2, traitent *de la calomnie et des injures*.

Il est évident que le législateur a eu l'intention de fixer tous les cas où l'on ferait concourir des discours publics, des écrits imprimés, à l'accomplissement des délits et des crimes, et qu'il a voulu déterminer un châtiment proportionné à la puissance du moyen.

Il y a donc réellement des lois pour la répression des crimes et délits qui peuvent être commis par la voie de la presse. Toute la question se réduit à savoir si cet ensemble de dispositions offre, soit à la société, soit aux individus, des garanties suffisantes : c'est ce que j'examinerai dans un instant.

L'article 8 de la Charte, ainsi que je l'ai rappelé au commencement de cet écrit, reconnaît que tous les Français ont le droit de publier et de faire imprimer leurs opinions, en se conformant aux lois qui doivent réprimer les abus de cette liberté.

Pour s'assurer que l'on n'en abuse point, on a fait la loi du 21 octobre 1814, qui oblige tout imprimeur, avant d'imprimer un ouvrage, à en faire la déclaration à la direction générale de la librairie ; elle défend de livrer l'ouvrage au public, avant d'en avoir déposé cinq exemplaires entre les mains de l'autorité qu'elle désigne, et d'en avoir obtenu récépissé.

La même loi soumet à une censure préalable l'impression des brochures au-dessous de vingt feuilles, ainsi que les journaux.

Une ordonnance du 20 juillet a abrogé cette restriction quant aux brochures, comme *présentant plus d'inconvéniens que d'avantages.*

La loi du 9 novembre 1815, sur les cris et écrits séditieux, pour appartenir à des circonstances extraordinaires, n'en fait pas moins partie des lois qui nous régissent. Je ne me permettrai aucune réflexion sur cette loi ; seulement je ferai remarquer une disposition qui, pour tenir une bien petite place dans l'art. 5, n'en est que plus redoutable dans l'exécution. L'article porte : « Sont déclarés » séditieux....... tous écrits imprimés, même » tous ceux qui, n'ayant pas été imprimés, auraient » été, ou affichés, ou vendus, ou distribués, ou » LIVRÉS A L'IMPRESSION. »

Ainsi, la loi donne le caractère de *délit* à la seule communication faite à un imprimeur du manuscrit d'un écrit déclaré séditieux. Cette disposition décide d'autres questions fort importantes. elle légitime la saisie d'un ouvrage prévenu de sédition, et les poursuites contre l'auteur avant la publication ; elle établit en même temps la complicité de l'imprimeur. Ces dispositions méritent un examen particulier.

La loi du 28 février 1817 remplit une lacune

qui existait dans la loi du 9 novembre 1815; elle veut « que, sous peine de nullité, l'ordre de saisie » et le procès-verbal soient notifiés dans les vingt-» quatre heures, et que si la saisie n'est pas main-» tenue dans la huitaine par les tribunaux, elle » soit périmée de droit. »

Le but de ces dernières dispositions est d'assurer l'exécution des lois précédentes, et de compléter cette partie de la législation.

Voilà donc bien évidemment des lois sur la presse : si l'ensemble en est imparfait, insuffisant; si les dispositions en sont trop douces ou trop sévères, ce sont d'autres questions qui n'autorisent pas à prétendre que nous manquons de lois, et qu'il faut se hâter de faire une *bonne loi* sur la liberté de la presse, pour nous en assurer la jouissance.

La liberté ou l'assujétissement de la presse tient à d'autres causes; je les ai déjà indiquées.

§. II.

De la Saisie des Ecrits avant la publication.

Je ne puis croire qu'il fût dans l'esprit de la loi du 21 octobre 1814, en ordonnant, article 54, la déclaration d'impression, et le dépôt avant la publication, de mettre l'autorité à même de saisir aussitôt l'écrit imprimé, et qu'elle ait eu d'autre but que d'empêcher la clandestinité : car, en cas de saisie simple et sans poursuite, ce serait une censure;

ce qui est impossible, d'après la loi du 28 février dernier ; et s'il y a poursuite, il n'y a point de délit, car le délit ne peut résulter que de la publication. Je vais tâcher de prouver ces deux propositions.

D'après la loi du 9 novembre 1815, nul doute que la saisie et les poursuites peuvent avoir lieu avant la publication, puisque la seule communication de l'écrit qualifié séditieux, à l'imprimeur, constitue un délit : art. 5. Je n'examine pas quelle était la disposition des esprits lorsque cette loi fut rendue ; si le salut public fut leur seul guide, et s'il est plus permis de se méprendre sur la nature des doctrines qu'on professa alors, que sur le véritable but qu'on se proposait : il s'agit d'une loi dont aucune considération ne peut jamais affaiblir l'autorité. Mais cette loi a été rendue dans des circonstances graves, dont il ne faut pas l'isoler, pour ne pas abuser du sens qu'elle présente. Plus ses dispositions sont rigoureuses, plus il est nécessaire de ne pas les étendre, et de s'y renfermer. Pour que les écrits aient le caractère de sédition exprimé par la loi, caractère qui seul peut justifier la saisie avant la publication, il faut, art. 5, « que
» l'on tente d'affaiblir, par des *calomnies* ou des *in-*
» *jures*, le respect dû à la personne ou à l'autorité
» du Roi, ou à la personne des membres de sa fa-
» mille, ou que l'on ait invoqué le nom de
» l'usurpateur, ou d'un individu de sa famille, ou
» de tout autre chef de rébellion. »

A la vérité, l'art. 9 porte : « Sont encore dé-
» clarés séditieux les discours et écrits mentionnés
» dans l'art. 5 de la présente loi, soit qu'ils ne
» contiennent que des provocations indirectes aux
» délits énoncés aux articles 5, 6, 7 et 8, de la
» présente loi, soit qu'ils donnent à croire que
» des délits de cette nature, ou même les crimes
» énoncés aux articles 1, 2 et 3, seront commis,
» ou qu'ils répandent faussement qu'ils ont été
» commis. »

Quoique ces dispositions n'aient pas la précision de celles de l'art. 5, des magistrats intègres ne s'y méprendront pas. Il faut que les provocations quoiqu'indirectes, soient positives, évidentes pour tous les hommes de bonne foi; il faut qu'on reconnaisse clairement l'indication des crimes ou délits dont il est fait mention dans les articles précédens, notamment dans l'art. 5; c'est-à-dire, qu'il s'agisse de *calomnies et d'injures* par lesquelles on tente d'affaiblir le respect dû à la personne ou à l'autorité du Roi, etc....: autrement ce qui n'est qu'un accessoire, serait puni plus rigoureusement que le crime principal. C'est donc ici un cas extraordinaire prévu par la loi, qui suppose une grande confusion dans l'état, des dispositions équivoques, dangereuses, dans un certain nombre d'esprits, et la nécessité de donner au pouvoir une grande latitude pour tout soumettre. Mais ce cas est unique; les dispositions qui le concernent ne peuvent être appliquées à aucun autre : ainsi, je n'examine point la question sous ce point de vue; je respecte les garanties dont l'autorité cru devoir s'environner, et l'opinion de la durée du temps pendant lequel elle les croira nécessaires; je ne m'occupe que du droit commun, de ce qui est juste, convenable dans le cours ordinaire des choses, et, ce qui est plus essentiel, de ce qui est consacré par la loi. — Or, que dit la loi ?

L'art. 15 de la loi du 21 octobre 1814 porte :

« Il y a lieu à saisie et séquestre d'un ouvrage :

» 1°. Si l'imprimeur ne représente pas les ré-
» cépissés de la déclaration et du dépôt ordonnés
» en l'article précédent;

» 2°. Si chaque exemplaire ne porte pas le
» vrai nom et la vraie demeure de l'imprimeur;

» 3°. Si l'ouvrage est déféré aux tribunaux pour son contenu. »

J'excepte toujours le cas prévu par les articles 5 et 9 de la loi du 9 novembre 1815; relativement à tous les autres mentionnés au Code pénal ou dans toute autre loi, je ne pense pas que la saisie puisse avoir lieu avant la publication, qu'elle soit ordonnée pour vice de formes, ou que l'ouvrage soit déféré aux tribunaux.

On ne peut considérer la saisie faite avant la publication, que comme le résultat d'une censure; et tout ce qu'on pourrait prononcer dans ce cas, c'est que l'ouvrage ne serait pas publié. Mais, dira-t-on, il sera déféré aux tribunaux : dans ce second cas, incontestablement il n'y a pas de délit.

En vain répétera-t-on cet argument, qui ne pourrait d'ailleurs servir qu'à démontrer la nécessité de la censure : « que s'il n'y a que des lois » pénales, et que si on ne punit qu'après la pu- » blication, l'auteur sera puni, mais le mal aura » été fait. »

Voilà, il faut en convenir, une singulière manière de raisonner; c'est bien le cas de dire « que » les lois par lesquelles on veut prévenir, sont » des lois qui punissent. » Un ouvrage dangereux qui n'est pas publié, ne doit pas être considéré autrement que tous les projets qui menacent l'ordre public, la propriété ou la vie des hommes. On prévient un vol, un assassinat, si l'on est averti d'avance du lieu où ils doivent se commettre ; mais on n'a jamais imaginé que, pour prévenir des crimes, bien plus terribles, bien plus irréparables que la publication d'un ouvrage, quel qu'il soit, tous les hommes devaient être tenus en charte privée. Il n'y a d'autre moyen plus général de prévenir les crimes, que d'inspirer aux hommes de bons sentimens, le respect des lois et l'amour de la vertu.

Outre qu'en adoptant le principe de saisir avant la publication, on détruit toute liberté de la presse, que l'on condamne ce que le public eût peut-être approuvé, ou qu'on lui soustrait des révélations qu'il avait intérêt de connaître, on confond l'effet avec la cause, le mal en soi avec une contravention aux lois, qui n'est un mal qu'à raison de leur violation, qui elle-même n'est que la route par laquelle on arrive au mal réel.

Et ici le législateur a un avantage que ne lui offre aucune autre circonstance criminelle.

Un écrivain publie un ouvrage dans des vues répréhensibles ; la publication classée par la loi au nombre des délits, le rend coupable ; mais le mal n'est fait jusques-là que parce qu'il y a contravention à une loi qui défend la publication de semblables ouvrages. Un livre en soi n'est ni un bien ni un mal ; il ne le devient que par l'effet qu'il produit ; et c'est la supposition de cet effet qui a rendu la loi prévoyante, en déclarant que la cause, la seule tentative, sont des crimes, et que l'auteur doit être soumis à des poursuites judiciaires. Mais cette cause, cette tentative sont dans la publication : ôtez la publication, soit que l'autorité l'empêche, soit que l'auteur change d'avis en ne publiant pas, il n'y a plus de délit. Quant à l'effet, l'autorité, avertie par la publication, en supposant que l'écrit contînt les provocations les plus atroces, n'a-t-elle pas tous les moyens que donne la connaissance de l'écrit, et la puissance dont elle est revêtue, pour prévenir, soit des désordres, soit des influences dangereuses ? Tel est en effet le but qu'elle doit se proposer ; et pour y parvenir, elle a, je le répète, des moyens qu'elle ne trouve que bien rarement dans les autres entreprises criminelles, dont les suites sont presque toujours bien plus cruelles et tout à fait irréparables.

D'ailleurs, des écrits, comme je l'ai déjà observé, n'ont jamais produit un résultat subit : si on croyait citer des époques, où ils ont causé de prompts ravages, il serait facile de démontrer l'erreur. Dans aucun temps, à aucune époque, des écrits ne furent jamais que le signal d'une exécution préparée de longue main.

Avec la moindre prévoyance, leur publication aurait été plus utile à la sureté d'un gouvernement sage et ferme, que tous les piéges et toutes les ressources de l'espionnage.

§. III.

L'imprimeur qui a rempli toutes les formalités prescrites par les lois et par les réglemens de la librairie, peut-il néanmoins être poursuivi comme complice de l'écrivain ?

M^r. B. de Constant, dans ses *Questions sur la législation actuelle de la presse*, décide que non.

On a cherché à établir le contraire devant les tribunaux ; on a soutenu que la présence de l'auteur responsable ne faisait point disparaître la responsabilité de l'imprimeur, et que celui qui avait prêté son ministère à la publication d'un écrit coupable, était *nécessairement complice* du délit.

On s'est appuyé de la loi du 9 novembre 1815, déjà citée.

Dans un jugement, l'imprimeur a été renvoyé de l'accusation, fondé sur ce qu'il était possible que, *dans une lecture rapide, il n'eût point remarqué l'intention criminelle* dans laquelle l'écrit avait été composé.

Dans un autre jugement, on s'est servi des mots, qu'il *n'était pas constant* que l'imprimeur eût agi sciemment, et cette différence de motifs mérite d'être remarquée.

Mʳ. B. de Constant observe « que la loi du 9
» novembre, toute rigoureuse qu'elle est, n'au-
» torise point la mise en jugement d'un impri-
» meur, quand cet imprimeur, en remplissant
» toutes les formalités, a non-seulement averti
» l'autorité de ce qu'il voulait faire, mais l'a con-
» sultée sur ce qu'il avait fait. »

Cette interprétation paraît susceptible d'être contestée : l'art. 5 de la loi, par ces mots, *livrés* à l'impression, caractérisant délit, la seule communication de l'écrit à l'imprimeur, il me paraît difficile que celui-ci, en acceptant la mission de concourir à sa publication, ne soit pas reprochable, aux termes de cette même loi. Une semblable disposition est-elle bonne, est-elle mauvaise ? Ce n'est plus la question qui se réduit alors à un fait. La disposition existe-t-elle ?

La déclaration d'impression, faite à l'autorité, ne lui apprend pas ce qu'est l'ouvrage, et le dépôt des exemplaires lui fait connaître seulement qu'il y a un délit de commis, puisque la communication de l'auteur à l'imprimeur peut opérer le délit; ce qui rentre toujours dans le même cercle.

J'admets, si l'on veut, que cette interprétation ne soit point fondée, ou soit seulement douteuse; il est un autre article de loi indépendant des circonstances, et qui décide la question *in terminis*, comme disent les jurisconsultes.

L'art. 60, livre 2, du Code pénal, porte :

« Ceux qui auront procuré des armes, des » *instrumens, ou tout autre moyen*, qui auront servi » à l'action, *sachant qu'ils devaient y servir*. »

Or, la presse est bien l'instrument de la publication d'un écrit *répréhensible imprimé*. Il me semble donc incontestable que le tribunal qui a prononcé que ce *n'était pas sciemment* que l'imprimeur, dans je ne sais quelle affaire, avait *imprimé*, etc., a examiné l'accusation intentée dans l'esprit voulu par la loi, et son prononcé est régulier.

Maintenant cette disposition de loi est-elle inconciliable avec la liberté de la presse ? Voilà la grande question.

Pour la bien traiter, il faudrait d'abord la dégager de toute idée de circonstance et de toute crainte exagérée. On accuse la loi du 9 novembre, qui est bien une loi de circonstance, d'être rigoureuse et vague; entre les mains de juges prévenus, passionnés et entraînés par une opinion qui serait contraire à nos institutions actuelles, elle serait une arme tout à fait redoutable. Des hommes intègres et éclairés ne s'y tromperont pas; l'application même des dispositions de l'article 9 ne donnera pas lieu à la plus légère méprise, en l'expliquant par les articles précédens, où le cas d'injure et de calomnie contre la personne du Roi est exprimé comme condition nécessaire pour que l'on puisse faire l'application de ladite loi. Encore une fois, cette loi est purement de circonstance; ses dispositions sont restreintes à des cas rares et déterminés, et elle doit bientôt s'éteindre avec les désordres qui l'ont fait naître.

Il convient encore de remarquer qu'on peut écrire sur beaucoup de sujets très-utiles, avant d'arriver à ces matières délicates et extrêmes qui mettent l'écrivain et l'imprimeur en péril. Il est certain que de belles dissertations sur des sujets qui intéressent le gouvernement, tant qu'elles ne sont qu'abstraites, peuvent éclairer, sans blesser la susceptibilité; mais si l'on juge nécessaire d'attaquer tel ou tel acte de l'autorité, c'est là que commence la difficulté; je ne la crois pas insoluble.

Il est évident que lorsqu'il faut lire et relire un ouvrage, comme dit M. de Constant, pour y découvrir le sens caché d'une intention criminelle, un imprimeur ne peut pas se soumettre ni être soumis à une condition qui est inconciliable avec l'exercice de son état : c'est qu'en pareil cas aussi, l'auteur ne devrait pas être plus poursuivi que l'imprimeur.

On n'a pas entendu non plus sans une grande surprise qu'il était assez naturel qu'un imprimeur fût le censeur de l'ouvrage ; une telle absurdité porte avec elle sa réponse ; et le législateur ne s'en occuperait que pour la proscrire, si elle pouvait être reproduite.

Il est encore vrai de dire que si les imprimeurs étaient à tout propos menacés et emprisonnés, la presse, avec une semblable liberté, serait moins libre que sous la censure la plus vétilleuse et la plus susceptible. La loi leur doit à cet égard les garanties les plus formelles : c'est un des points sur lesquels il est urgent qu'elle s'explique.

Faut-il conclure de là qu'un imprimeur puisse n'être jamais répréhensible? M*. B. de Constant et beaucoup de bons esprits avec lui le pensent ainsi. Je ne partage pas précisément cette opinion, quoique bien pénétré des avantages et de la nécessité de la liberté de la presse; c'est peut-être par la raison même de cette profonde conviction, que je voudrais enlever jusqu'au plus léger prétexte à ceux qui profitent des plus petites circonstances pour attaquer toutes les idées généreuses dont se compose le régime de la liberté. Le seul moyen de leur imposer silence, en reconnaissant un droit ou une faculté, est de poser d'avance les limites où elle doit s'arrêter, et de dire franchement où commence l'abus.

Or, quelque convaincu que je sois de la nécessité de la liberté de la presse, j'ai peine à croire que l'on doive regarder comme un principe créé de toute éternité, que l'imprimeur qui a rempli les formalités prescrites par les lois, acquiert par-là un brevet absolu d'impunité, et que, quel que soit l'emploi qu'il ait fait de ses presses, il ne puisse jamais être considéré comme complice des crimes dont elles auraient été l'instrument. Je crains, je l'avoue, que la justice et le bon ordre ne condamnent ces doctrines absolues, ces abstractions rigoureuses, qui enlèvent à l'une ses droits, à l'autre ses garanties.

Je suis loin, et je prie qu'on y fasse bien attention, de vouloir placer l'auteur et l'imprimeur sur la même ligne.

Du moment que, pour constater un délit commis par la presse, il faut argumenter, je pense qu'un imprimeur, par cela seul, ne peut être, je ne dirai pas déclaré complice, mais même mis en jugement. Quel est l'homme honnête qui à ce prix voudrait exercer une profession quelconque ?

On ne voit ni le même danger, ni les mêmes conséquences, si la loi réduit la complicité à des cas bien caractérisés, qui ne peuvent laisser aucun doute dans les esprits les moins exercés. Si, par exemple, il s'agit de provocations positives, surtout atroces, et que les objets en soient désignés d'une manière claire, comme si un placard disait : « à telle » heure, il faut que tel attroupement mette le feu

» à telle partie de la ville; il faut piller tel ma-
» gasin ou telle classe d'individus : » dans ces
exemples, il me paraît difficile d'imposer silence à
la loi, au nom d'un droit quelconque, et de soutenir l'impunité de l'imprimeur. Peut-être me de-
mandera-t-on pourquoi je ne mets pas aussi en jugement et le prote et les ouvriers !

Il faut savoir s'arrêter pour rester dans une juste
mesure. La loi ne veut être ni aveugle, ni impru-
dente ; elle évite ce qui dégénérerait en persécution, comme ce qui serait imprévoyance et
faiblesse. Le prote n'est qu'un metteur en œuvre;
il ne peut être considéré comme ayant la pensée de
l'entreprise. Les ouvriers ne sont aucunement dans
l'obligation de se rendre compte du sens et de
l'ensemble de ce qu'ils composent : ils ne peuvent donc être responsables. Il faut un terme à
tout : on ne sait pas si c'est le prote qui a lu les
épreuves, ou tout autre. Quant aux ouvriers, la
loi doit supposer que la nécessité ne les astreint
qu'à l'assemblage des mots, sans être obligés de
se rendre compte du sens.

Je le répète, les cas de complicité sont rares, et
doivent être précisés de la manière la plus rigoureuse. A cette condition, on ne doit pas craindre
pour la liberté de la presse et pour l'indépendance
des imprimeurs. Je vois bien plutôt dans une loi
sage et mesurée une garantie pour eux; car c'est
en prévenant les abus, qu'on maintient les choses,
et qu'on en assure la stabilité : d'ailleurs, le jugement

par jury répond à toutes les objections qu'on pourrait faire.

Et puis, soyons de bonne foi, les amis sincères de la liberté doivent bien se pénétrer d'une vérité : c'est que pour que le pouvoir reste dans ses limites, il convient de lui accorder les moyens qui lui sont réellement nécesaires pour la fin qu'il se propose ; j'oserais même dire, un peu plus que moins. La générosité commande le retour et la confiance. On ne fait pas assez d'attention que l'autorité est le petit nombre sans cesse aux prises avec le grand. Accordez avec une grande circonspection sans doute, mais accordez pour qu'on ne prenne pas.

N. B. Il n'entrait point dans mon plan d'examiner dans les chapitres précédens si les dispositions du Code pénal relatif aux délits ou aux crimes commis par la voie de la presse, dans ses rapports avec le gouvernement et l'ordre public, sont trop douces ou trop sévères, ou si elles sont dans une juste mesure ; mais seulement si elles existaient ; et elles existent. Je me suis donc borné à relever quelques interprétations qu'on leur a données, parce que je ne les crois pas fondées ; et j'ai indiqué celles de ces dispositions qui concernent les imprimeurs, comme exigeant une précision qui leur manque ; précision sans laquelle la censure préalable des écrits serait bien préférable à la liberté. Je vais dans le chapitre suivant examiner la liberté de la presse dans ses rapports avec la sureté individuelle.

CHAPITRE III.

De la liberté de la presse, relativement aux particuliers.

§. I*er*.

De quelques théories.

Avant d'examiner les questions que peut présenter la législation dans cette partie, je rappellerai les opinions et les théories de divers publicistes, telles qu'elles viennent d'être professées encore tout récemment.

M*r*. B. de Constant se fait cette objection.

» Vous ouvrez, dira-t-on (par la liberté de la
» presse), une carrière immense à la diffamation,
» à la calomnie, à une persécution journalière,
» qui, pénétrant dans les relations les plus in-
» times, ou rappelant les faits les plus oubliés,
» devient, pour ceux qu'elle frappe ainsi sans re-
» lâche, un véritable supplice. »

On ne peut rendre avec plus d'énergie l'abus qu'on fait trop souvent de la presse contre les individus.

Voici la réponse que M*r*. B. de Constant puise dans l'ouvrage de de Lolme, sur la constitution d'Angleterre : « Bien loin que la liberté de la presse
» soit une chose funeste à la réputation des parti-
» culiers, elle en est le plus sûr rempart; lorsqu'il
» n'existe aucun moyen de communiquer avec le

» public, chacun est exposé sans défense aux
» coups secrets de la malignité : l'homme en place
» perd son honneur, le négociant son crédit, le
» particulier sa réputation de probité, sans con-
» naître ni ses ennemis, ni leur marche.... Mais
» lorsqu'il existe une presse libre, l'homme inno-
» cent met tout de suite les choses au grand jour,
» et confond tous ses accusateurs à la fois.

La réponse pourrait bien ne pas paraître aussi forte que l'objection; et en ne considérant la question que sous ce seul point de vue, l'impossibilité d'être attaqué vaudrait mieux que la faculté de se défendre.

A la vérité, le mal serait affreux, s'il y avait une presse libre pour calomnier, et qu'il n'y en eût pas pour repousser la calomnie. Lorsqu'on est calomnié dans des écrits imprimés, le plus puissant moyen pour répondre est, sans contredit, d'imprimer la réponse; mais ce moyen suffit-il ? La réponse va-t-elle dans tous les lieux où parvient l'attaque? Y a-t-il, pour la recueillir, une bienveillance aussi active que la malignité qui a accueilli, développé, propagé la calomnie ? Non, certes; et quelle différence de position entre l'agresseur et l'opprimé !

Mr. B. de Constant reconnaît cependant que la calomnie est un délit qui doit être puni par les lois. Nous sommes d'accord sur ce point; mais le châtiment est-il toujours égal au crime, la réparation à l'offense? les arrêts les plus sévères suffisent-ils, dans toutes les occasions, pour effacer les ravages de la calomnie? Non, sans doute. Je ne conclus pas de là cependant qu'il faille ou soumettre la presse à la censure, comme unique moyen de prévenir la calomnie, ou qu'elle doive rester impunie; seulement j'en infère que cette partie de la législation exige la plus sérieuse attention et la plus scrupuleuse exactitude. Mais il n'est pas absolument nécessaire de calomnier pour nuire; il y a mille autres moyens de compromettre un individu dans l'opinion, de le fatiguer, de le désespérer même. Cette observation n'a point échappé à M^r. B. de Constant; aussi il ajoute :

« Quant aux attaques qui sont moins graves, il
» vaut mieux s'exposer aux injures de l'air, que de
» vivre dans un souterrain. Quand les journaux
» sont libres, comme en Angleterre, les citoyens
» s'aguerrisent. La moindre désapprobation, le
» moindre sarcasme ne leur font pas des blessures
» mortelles. Pour repousser des accusations
» odieuses, ils ont les tribunaux; pour garantir
» leur amour propre, ils ont l'indifférence, celle
» du public d'abord, qui est très-grande, beau-
» coup plus qu'ils ne le croient, et ensuite la
» leur, qui leur vient par l'habitude. »

J'avoue que je ne puis me soumettre à cette doctrine. Si l'on ne peut obtenir la liberté de la presse qu'à ce prix, il faut bien s'y résigner, comme à tant d'autres conditions qui sont l'apanage de notre faiblesse; mais je regarderais cette nécessité comme une des plus douloureuses. Il est pénible de songer que cette belle machine qui nous fut révélée par la Providence, pour le perfectionnement et le plus grand bonheur de notre espèce, puisse en devenir habituellement le fléau, et se mêler comme un poison dangereux, et pourtant inévitable, dans l'action bienveillante d'un gouvernement libre ; que, par suite de cette invention, la société ne soit plus qu'une arène de gladiateurs, qu'une forêt où des bêtes enragées se dévorent. C'est un temps bien déplorablement employé pour des hommes, que celui que l'on passe à déchirer, ou à guérir des blessures.

Les hommes ont imaginé des habitations commodes, afin de n'être *exposés ni aux injures de l'air*, ni condamnés *à vivre dans un souterrain*. Ne pourrait-on pas trouver aussi, au moral, quelque retraite sûre, quelqu'abri décent contre l'intempérie des langues et les fureurs de la méchanceté ?

Que des hommes qui courent après le fantôme de la gloire, et qui occupent sans cesse le public de leurs conceptions, aient le bon esprit de se tenir bronzés contre tous les genres d'attaques : ils feront très-bien, et le conseil pour eux est fort bon ; mais n'est-ce pas une ironie amère, que d'adresser la même recommandation au citoyen paisible qui se contente de remplir les devoirs que lui impose la société, et qui se trouve exposé aux mêmes dangers, sans trouver la même indemnité dans de brillantes illusions ?

§. II.

Dispositions du Code pénal relatives à la répression des délits commis par la voie de la presse contre les particuliers. — Offrent-elles des garanties suffisantes ?

Le Code reconnaît et définit la calomnie et les injures : « La calomnie consiste dans l'imputation
» de faits qui donneraient lieu à des poursuites
» criminelles ou correctionnelles, ou seulement
» au mépris ou à la haine des citoyens : art. 375
» et suivans. Les injures sont des expressions ou-
» trageantes, qui ne renferment l'imputation
» d'aucun fait précis, mais celle d'un vice déter-
» miné. Elles sont punissables d'une amende; et
» les injures qui n'ont pas ce caractère de gravité,
» sont encore passibles de peines de simple po-
» lice. »

Quant à la calomnie, Mʳ. B. de Constant réclame les peines les plus sévères contre ses auteurs. Le Code répond parfaitement à ce vœu. Il suffit, pour s'en convaincre, de jeter les yeux sur le §. 2 de la section 7, chap. 2, tit. Iᵉʳ. : travaux forcés, déportation, emprisonnement, amende, surveillance de haute-police, privation des droits civils; que peut-on demander de plus ?

Mʳ. B. de Constant, dans ses observations sur le discours relatif à la liberté de la presse, prononcé en 1814 par le Ministre de l'intérieur, est d'avis que l'on punisse l'écrivain qui rapporterait des faits, même vrais, au préjudice d'un individu, à moins que l'écrivain n'eût souffert lui-même des faits qu'il rapporte. Les art. 369 et 372 du même Code consacrent ce principe, et n'admettent l'impunité que pour des faits constatés authentiquement.

Il semble au premier coup d'œil que ces dispositions atteignent tous les crimes et délits dont il s'agit, et même toutes les nuances dont ils sont susceptibles. Mais qu'on y réfléchisse, et l'on verra bientôt combien la situation du plaignant est difficile : il faut qu'il intente un procès, il faut qu'il fasse des preuves ; il faut surtout qu'il établisse son droit dans une discussion publique.

Débats sur la réalité de la calomnie, débats sur sa nature plus ou moins grave ; efforts de la part du prévenu pour en atténuer l'odieux : de là des assertions qui sont trop souvent de nouveaux outrages, issue incertaine du procès, frais, déplacemens, perte de temps ; et tout cela, on ne peut se le dissimuler, pour produire une nouvelle et plus grande publicité : l'on peut dire que le remède est cent fois pire que le mal.

Mais ce qu'il y a de plus fâcheux dans ces sortes d'affaires, c'est que tout est au désavantage du plaignant. En combinant la méchanceté du calomniateur avec cette malignité, cette tendance à l'envie et au dénigrement, qui sont la honte et le fléau de l'espèce humaine, il est impossible que l'offensé ne sorte pas de semblables affaires, plus malheureux, plus honni, plus compromis qu'il ne l'était auparavant. De bonne foi, sont-ce là les garanties que la société doit à ses membres, la protection qu'elle doit au faible contre l'audacieux qui ne respecte rien ?

D'un autre côté, garder le silence sous le coup d'une imputation odieuse et flétrissante, est une situation insupportable. Que faire ?

La question, présentée sous ce jour, n'appelle-t-elle pas les méditations des jurisconsultes, des publicistes et de tous les hommes de bien ? Constamment tourmenté de cette idée depuis plus de vingt ans, j'ai cherché si réellement il fallait que chaque individu fît abnégation de sa propre existence devant tous ceux à qui il plairait de le calomnier, ou seulement de déverser sur lui le ridicule ?

Voyons ce qu'est en elle-même une semblable faculté; si la population n'existe que pour les menus plaisirs des hommes les plus méprisables, et pour leur servir de proie ?

Première Observation.

On peut ranger les écrivains en trois classes principales : les premiers, qui, par de grands ouvrages profondément médités, sont les flambeaux de leur siècle; 2°. ceux qui, par des écrits moins importans, ou même par des productions journalières, donnent, pour ainsi dire, la monnaie des connaissances acquises, et les rendent populaires, par l'application qu'ils en font aux besoins de chaque instant, aux circonstances qui se succèdent; 3e. enfin, les auteurs de libelles, qui spéculent sur les passions les plus viles, qui attaquent sans cesse le bon ordre, en attaquant les individus par la calomnie et par la dérision : car remarquez que tout écrit de ce genre, qui n'a pas la délation et la calomnie pour moyen, est sans effet, quelque détestable qu'il soit d'ailleurs.

Rien ne doit être plus sacré que les deux premiers emplois que l'on fait de l'art d'écrire ; mais peut-on en dire autant de la troisième classe d'écrivains ? Est-il bien utile que l'on puisse, par la voie de la presse, entretenir le public des individus qui ne le demandent pas ?

Je vois comment il résulte un mal, et beaucoup de mal, des attaques portées aux particuliers; mais je ne vois pas de même le bien qui peut en naître.

Calomnier un citoyen aux yeux du public, ou seulement le charger de ridicule, le rendre suspect à ses amis et à ses voisins, le compromettre dans sa famille, porter le trouble dans son ménage, et causer son malheur personnel, même lorsqu'il a obtenu justice de l'agresseur, tels sont les fruits de ces sortes d'entreprises. Où sont les avantages ? D'apprendre au public à se défier d'un homme qui a des vices dangereux. Mais de quel droit un individu se constitue-t-il juge d'un autre, et le défère-t-il à la société ? Et si chacun en faisait autant, peut-on concevoir un enfer pareil à ce séjour, qui nous offre déjà tant de chances si affligeantes et si douloureuses que nous ne pouvons éviter? Mais si l'homme attaqué, inculpé, signalé à l'attention publique, est évidemment exempt de tout reproche, combien alors la calomnie est-elle encore un plus grand fléau!

Personne plus que moi ne rend hommage à l'invention de la presse et à ses bienfaits; nous lui devons en grande partie, pour ne pas dire tout ce qu'il y a de beau et de bon parmi nous; mais en reconnaissant tous ses droits à notre gratitude, est-ce une raison pour nous aveugler sur les maux dont elle peut être l'instrument? L'épée ne doit-elle pas inspirer de l'inquiétude entre les mains de l'assassin, parce qu'elle garantit la sureté des états dans celles du héros? La presse, inappréciable quand elle ne s'occupe que des choses, parce qu'ici les erreurs vont s'engloutir dans le néant des âges, est toujours nuisible quand elle attaque les personnes. Je défie qu'on puisse citer un exemple d'un service qu'elle ait rendu par cette voie, qui ne l'eût été mieux, plus sûrement, et surtout plus régulièrement, par toute autre.

Une loi qui serait placée entre la presse et les personnes, pour régler l'usage de l'une, et servir de rempart aux autres, serait utile à la morale et au bon ordre, sans nuire au développement des lumières et à la recherche de la vérité; ce qui est le grand objet des efforts de l'esprit humain, et le résultat essentiel de la liberté de la presse.

Deuxième Observation.

Le premier devoir de la société envers ses membres, et envers elle-même, est le maintien de l'ordre. De quoi se compose cet ordre ? Quels en sont les premiers élémens ? La sureté et la sécurité de chaque individu, ses moyens d'existence, le contentement qui résulte de la jouissance de ces premiers avantages.

La société doit donc défendre chaque individu contre ce qui pourrait attaquer sa vie, le dépouiller de sa propriété, compromettre sa tranquillité et son honneur.

Toutes les précautions, ou au moins un grand nombre, sont prises pour prévenir les attentats de la première espèce. Des lois rédigées avec le plus grand soin veillent à la conservation de la propriété, dont la violation, en certains cas, est punie avec autant de sévérité que l'assassinat. Qu'a-t-on fait pour la sécurité des individus, pour assurer la paix dans les familles, pour le maintien des réputations, enfin, pour la répression et le châtiment des troubles occasionnés par la méchanceté ? Car les troubles, les inquiétudes, les atteintes à la réputation sont essentiellement l'ouvrage du ridicule, de l'injure, de la diffammation, de l'outrage et de la calomnie, surtout si on les déverse ou si on les publie par la voie de l'impression. La société croirait-elle s'acquitter par les paroles que j'ai rapportées plus haut ? « Pour les accusations odieuses, ils (les particu-

» liers) ont les tribunaux. » J'ai déjà observé que les tribunaux mêmes ne les repoussaient que bien imparfaitement, dans le systême actuel de notre législation.

» Pour garantir leur amour propre, ils ont l'in-
» différence. »

Et s'ils ne veulent pas être indifférens ! Si leur caractère, si leur situation ne le leur permet pas ! De quel droit la société leur en ferait-elle une loi, et les exposerait-elle à une aussi fâcheuse nécessité ? Et si la nature des sarcasmes et des injures qui leur seraient prodigués les portait à des violences, parce qu'ils n'auraient pas d'autre moyen d'en obtenir raison, qui donc accusera-t-on de ces désordres ? La société peut-elle dire à chacun de ses membres : « J'exige de vous une portion de votre travail et de vos revenus; j'exige même le sacrifice de votre vie et de celle de vos enfans : mais si on vous trouble, si on vous tourmente par les mille moyens que donne la parole imprimée, vous avez, pour repousser ces entreprises odieuses, l'indifférence; il ne s'agit que de vous y accoutumer : je ne puis vous secourir autrement que par ce conseil. Ce n'est pas que j'approuve ceux dont vous vous plaignez ; mais je dois respecter l'usage qu'ils font d'une machine dont rien ne peut altérer ni la liberté ni les droits. »

Tout ce que ces raisonnemens ont de ridicule et de vicieux, vient de ce qu'on a lié ensemble les deux mots *liberté* et *presse*. Si on avait toujours considéré la presse comme tout autre instrument, on n'aurait pas songé à en limiter l'usage, pour garantir la tranquillité et l'honneur du citoyen; on aurait envisagé la question en elle-même, et sous les rapports qui lui sont propres, c'est-à-dire, en s'attachant aux objets que l'on veut garantir et conserver. En cherchant à démontrer aujourd'hui combien, à cet égard, notre législation est imparfaite, puisqu'elle ne présente pas même une pensée qui ait trait à la sécurité du citoyen, on n'aurait pas l'air d'attaquer *la liberté* de la presse; car, loin de vouloir lui porter atteinte, mon but est de la mettre une bonne fois hors de toute discussion, en prouvant que cette liberté ne peut pas être l'objet d'une loi, et que la presse, comme tous les autres objets qui sont à notre usage, ne peut être frappée par la loi, que quand elle devient l'instrument d'un crime qu'elle veut punir.

CHAPITRE IV.

Du principe sur lequel il convient d'établir la sécurité des particuliers.

§. Ier.

Le sécurité individuelle doit être le premier objet de la sollicitude du législateur.

Lorsque, par une invention telle que celle de la presse, on peut porter des atteintes si funestes à la sécurité personnelle, on est fondé à dire que ce point, qui devrait être le premier de tous, a été à peu près omis dans notre législation. Il me semble que cette partie serait plus avancée, ou n'eût pas été totalement oubliée, si l'on avait donné autant d'attention à la conservation des droits individuels, sous le rapport de la moralité, de la réputation, de l'honneur, du repos des familles, et du contentement intérieur de chaque individu, qu'on en a donné à la conservation de son existence physique et de la propriété.

Cette indifférence pour ce qui constitue l'homme et le distingue éminemment, ne viendrait-elle pas de ce que la société a presque toujours été dans les mains d'êtres puissans, qui se faisaient un jeu de la réputation, et non de la richesse, de ce qu'à raison de leur élévation et de leur pouvoir, ils étaient invulnérables, et que, regardant le reste des hommes comme des troupeaux de bétail, ils leur portaient un trop grand mépris, pour attacher quelqu'importance à ce qui pouvait les blesser dans tout ce qui tient à la probité, à la délicatesse, à l'honneur? Il faut cependant convenir que, d'après la durée des siècles, l'invention de la presse est encore récente, et que notre législation sort à peine de la barbarie.

Dans un ordre de choses réglé par l'utilité et la raison, à coup sûr l'homme est la première pièce dont la société doive s'occuper, puisqu'il en est le principe, le moyen et la fin. C'est à le préserver de tout ce qui peut l'affecter, dans ce que ses sentimens ont de plus pur et de plus élevé, qu'elle doit mettre toute sa sollicitude; c'est là le premier et le plus impérieux de ses devoirs envers chaque individu : la propriété et la conservation de l'être physique ne sont que d'un ordre inférieur.

A la vérité, cette partie des obligations de la société est plus difficile à remplir, parce que l'objet en est plus fugitif, plus insaisissable. Mais les obstacles ne dispensent pas ici des efforts; et l'idée même de l'impossibilité ne devrait produire d'autre effet qu'un redoublement de courage : je crois que le législateur peut attacher ses idées à un point aussi sensible, aussi évident que l'homme physique lui-même.

§. II.

Comment on peut rendre les qualités morales aussi sensibles que les objets matériels.

La loi saisit facilement la propriété, et lui assigne des droits selon toutes les circonstances qu'elle prévoit, parce qu'elle repose sur des objets corporels et palpables; mais comment fixera-t-elle les droits de la sécurité, qui semblent ne reposer que sur des abstractions? Comment donner de la consistance, de la réalité, un corps enfin, à l'opinion, à l'émission d'une pensée?

Pour parvenir à la solution de cette difficulté, il suffit, ce me semble, d'examiner par quel moyen on distingue un homme d'un autre homme, par quel moyen on le fait reconnaître, soit sous le rapport de sa conformation physique, soit sous celui de ses qualités morales. Ce moyen est tout simple : il consiste à rappeler le nom de l'individu qu'on veut désigner, et à l'instant même toutes les idées sont fixées. Vous vous rappelez aussitôt ce qu'est cet homme : s'il est jeune, vieux, grand, petit, riche, pauvre ; s'il a une bonne ou une mauvaise réputation : vous avez quelquefois des souvenirs moins exacts sur tel meuble ou tel champ qui vous appartient. C'est donc au nom que se rattachent toutes les idées avantageuses ou désavantageuses qu'on a d'un individu.

En effet, il y a identité absolue entre le nom et l'individu qui le porte. Le nom représente la taille, l'âge, la beauté, la laideur, la considération, le rang, les talens, la réputation ; en un mot, le nom est tout l'homme, et lorsqu'il a cessé d'être, son nom le rend encore à tous les souvenirs, avec ses vertus ou ses vices.

Puisque le nom est la même chose que l'homme, il est donc pour lui, comme lui-même, la première chose du monde ; il est la première propriété et la plus sacrée des propriétés ; et comme la plus sacrée des propriétés, elle est celle à laquelle les lois doivent la protection la plus efficace.

Dès lors, comment se fait-il que le nom, que cette propriété ait jamais pu être à la discrétion du public, autrement que par la volonté de celui qui le porte, ou pour la part qu'il a voulu en aliéner.

J'expliquerai tout à l'heure ce que j'entends par cette aliénation.

Quoi ! il est défendu, sous les peines les plus rigoureuses, de convoiter le bien d'un individu, d'y porter la plus légère atteinte, et l'on pourra disposer de son nom, qui est tout lui-même, pour en faire l'éloge ou le couvrir de blâme, pour le traduire devant le public sous des couleurs ridicules, bizarres, fantasques ou odieuses ! C'est là qu'est le vuide, ou plutôt le vice de notre législation et de nos institutions.

C'est ce vuide qu'il faut combler, ce vice qu'il faut corriger.

§. III.

Propositions en conséquence.

1°. La loi reconnaît le nom du citoyen comme sa propriété la plus sacrée.

2°. Nul ne peut proclamer le nom d'un citoyen en public, que dans les cas prévus par la loi, ou qu'avec son autorisation directe ou indirecte.

L'autorisation est directe quand elle est donnée formellement.

Elle est indirecte, quand l'individu, par un acte quelconque émané de sa volonté, livre lui-même son nom au public.

Dans ce dernier cas, l'emploi du nom doit être circonscrit dans l'acte auquel il est attaché.

3°. La loi établit trois classes de délits, relativement à la violation du nom, qui doivent être punis selon le degré de gravité.

1. Violation du nom par la parole, dans un lieu public, ou devant un rassemblement.

2. Par l'écriture manuscrite.

3. Par la voie de l'impression.

Les écrits imprimés sont encore susceptibles d'être divisés en plusieurs classes.

1. Les feuilles journalières ou affiches.

2. Les feuilles périodiques, mais non journalières.

3. Les pamphlets.

4. Ce qu'on appelle livres. Ils présentent aussi des nuances qui mériteraient d'être remarquées : une volumineuse dissertation aurait moins d'inconvéniens que la forme de dictionnaire.

4°. La loi caractérise délit la seule énonciation du nom par les voies ci-dessus indiquées.

5°. Tout citoyen fondé à porter des plaintes pour injures, outrages, calomnies, etc., peut borner ses poursuites à la simple violation du nom.

6°. Toute désignation indirecte d'un individu, quoique son nom ne soit pas prononcé, serait considérée et punie comme violation de nom.

§. IV.

OBSERVATIONS.

Première proposition.

Le citoyen qui remplit tous les devoirs que lui

impose la société, qui en supporte les charges, qui exploite son industrie, se livre à son commerce, fait valoir ses terres, remplit quelqu'emploi du gouvernement, en un mot, qui se renferme dans le cercle des habitudes ordinaires de la vie, doit jouir de la plus entière sécurité : tel doit être le résultat du principe qui garantit son nom contre toute atteinte.

Comme c'est par l'abus des noms, autrement par le ridicule, l'injure et la calomnie, que commencent tous les désordres, en consacrant ce principe avec les développemens dont il est susceptible, on fixe par-là des bornes que ne peut dépasser l'écrivain. La presse y trouve donc des garanties, de même que la sécurité des particuliers. On enleverait par-là aux mauvais journalistes et aux pamphlétaires leur arme la plus terrible.

Cette marche est régulière, puisque l'on va de l'objet qu'il s'agit de conserver, à l'objet par lequel on peut nuire.

Deuxième proposition.

« Nul ne peut proclamer le nom d'un citoyen » en public que dans les cas prévus par la loi : »

Telles que les citations en justice, les proclamations relatives à l'état civil, etc. Cette partie n'a pas besoin de commentaires.

Les provocations auxquelles on répond par les moyens que la loi avoue, sont dans le même cas.

» L'autorisation est directe ou indirecte.

» L'autorisation est directe quand elle est donnée
» formellement.

» Elle est indirecte, quand l'individu, par un
» acte quelconque émané de sa volonté, livre lui-
» même son nom au public. »

Ainsi, un auteur publie un ouvrage avec son nom; il abandonne au public cette partie de sa pensée, de son existence, c'est-à-dire de lui-même. Le public a le droit d'examiner l'ouvrage, d'en faire l'éloge ou la critique.

Un comédien produit en public sa personne et ses talens; il donne à chacun le droit de juger ses talens et sa personne. On peut imprimer qu'il est bien ou mal fait, qu'il est beau, qu'il est laid, qu'il joue bien ou qu'il joue mal, etc...

Un agent de l'autorité publie un acte de son ministère : on a le droit d'examiner s'il est dans les termes voulus par la loi; si ses conceptions sont utiles ou nuisibles, et jusqu'à quel point. Ainsi du reste.

« Dans ce dernier cas, l'emploi du nom doit être
» circonscrit dans l'acte auquel il est attaché. »

Cette partie de la disposition est aussi indispensable qu'elle est simple.

On ne doit prendre de l'existence et du nom d'un auteur, d'un comédien, d'un fonctionnaire, que ce qu'il en livre lui-même au public; il n'est pas permis d'aller au-delà : tout ce qui sort de cette limite serait coupable aux yeux de la loi.

Ainsi, Boileau pouvait critiquer les vers de Colletet, et se moquer du mauvais poëte; mais le poëte courtisan, en disant :

Tandis que Colletet, crotté jusqu'à l'échine,
S'en va chercher son pain de cuisine en cuisine,

n'a-t-il pas outre-passé les droits de la critique? et cette bassesse ne méritait-elle pas d'être punie, surtout venant d'un homme heureux, envers un individu qui ne l'était pas.

En discutant les actes du fonctionnaire, en examinant l'ouvrage de l'écrivain, il ne sera point permis d'accuser les intentions; on ne doit voir que ce qui est écrit, en un mot, que ce que la personne livre d'elle-même au public.

Troisième proposition.

« La loi établit trois classes de délits relative-
» ment à la violation du nom, etc. »

Il est démontré pour tout le monde que l'emploi d'une feuille journalière est bien plus dangereuse, pour le cas dont il s'agit, que celui d'un volume de six cents pages.

« Violation du nom par la parole dans un lieu
» public. »

Je conviens que cette circonstance présente de grandes difficultés; cependant je ne les crois pas insurmontables.

Quatrième proposition.

« La loi caractérise délit la seule énonciation
» du nom. »

C'est la sanction du principe fondamental, que le nom est la première et la plus sacrée des propriétés. La seule énonciation du nom en public doit être caractérisée délit, sans quoi une loi de sécurité n'aurait point de base. Si, en s'emparant de la plus petite chose qui appartient à autrui, on commet un vol, combien on est plus coupable lorsqu'on s'empare du nom ! C'est là qu'est le délit. Le nom ne doit être à la merci de personne, ni pour l'éloge ni pour le blâme, car la faculté de louer suppose celle de blâmer. Pour éviter toutes les causes de confusion et de discussion, c'est donc sur la violation, l'envahissement seul du nom, qu'il faut faire reposer la garantie. Vous avez fait usage d'un nom sans autorisation, par cela seul vous êtes coupable ; l'injure, la calomnie ne doivent être que des circonstances plus ou moins aggravantes, mais auxquelles on doit attacher moins d'importance qu'au délit principal, la violation du nom, parce que c'est sur le nom que repose toute l'existence des individus.

Cinquième proposition.

« Tout citoyen calomnié peut borner ses pour-
» suites à la simple violation du nom. »

Cette disposition est de la plus haute importance, parce qu'elle prévient toute espèce de débat sur les faits, et le scandale qui en résulte ; scandale qui va presque toujours au détriment du plaignant.

On pourrait peut-être attribuer à l'oubli d'une

législation rédigée dans cet esprit, les usages les plus barbares, conservés dans des temps plus éclairés, et où les mœurs sont beaucoup plus douces : les duels, par exemple. Peut-on exiger qu'un galant homme se présente devant les tribunaux, pour se plaindre qu'on l'a traité de coquin ou de voleur ? Il préfère le silence, ou se fait lui-même justice, au péril de sa vie : cette extrémité est également fâcheuse. Un moyen tel que je le propose, ou un équivalent, changerait peut-être cette disposition des esprits.

Sixième proposition.

« Toute désignation indirecte de l'individu,
» quoique son nom ne soit pas prononcé. »

Si l'on s'en tenait matériellement au nom, tout en nuisant, il y aurait vingt moyens d'échapper à la loi. La loi ne doit point reculer devant la malice des hommes : c'est le délit qu'elle veut punir, indépendamment des ressources qu'on emploie pour le commettre. Du moment qu'il existe, il faut qu'il soit atteint. C'est en quoi un jury ne se trompera point, et l'intention, ainsi que l'effet, n'échapperont point à sa conscience.

OBJECTIONS.

On peut faire beaucoup d'objections contre cette théorie; on peut même la combattre par le ridicule, car où n'en trouve-t-on pas parmi nous ?

Mais je ne fais cas ici que de l'avis des bons esprits. J'aurai rempli mon but, si déjà, sans les convaincre, je les porte à réfléchir.

Je ne chercherai à répondre pour le moment, et encore le ferai-je en peu de mots, qu'à ceux des amis de la liberté qui trouvent que l'un des symptômes auxquels on peut la reconnaître, c'est précisément cette faculté d'attaquer, pourvu qu'on ait celle de répondre. Ces luttes leur plaisent, et le bruit qui en résulte est pour eux un signe de vie. Pour moi, je n'y vois que des inconvéniens, qu'il faudrait supporter, s'il était impossible de les prévenir ou de les faire cesser, au moins dans ce qu'ils ont de plus scandaleux. Avant de se résigner à une semblable nécessité, il faudrait justifier qu'on a épuisé tous les efforts et toutes les combinaisons; et nous ne sommes encore que sur le seuil de nos nouvelles institutions.

A mes yeux, la liberté ne doit être qu'une émanation pure de la raison, de la justice et de la vérité; elle est la perfection des gouvernemens, dont la conséquence absolue, nécessaire, est un ordre aussi parfait qu'on puisse l'imaginer: la sécurité et le bonheur de chaque individu. Comment reconnaître ces caractères là où les brouillons et les méchans dominent ?

RÉSUMÉ.

La liberté de la presse ne pouvait se concilier avec l'ancien régime, parce que, d'après les principes sur lesquels reposait ce gouvernement, tout examen et toute discussion publique eussent été un danger ; d'où l'on peut conclure que toutes les fois qu'un gouvernement, régulier d'ailleurs, se croit dans la nécessité de porter atteinte à cette liberté, il doit craindre que quelques élémens hétérogènes ne se soient introduits dans sa marche et dans l'esprit de ses institutions.

Le gouvernement actuel est tellement en harmonie avec tous les vœux et tous les intérêts, que la liberté de la presse est pour lui une condition nécessaire, toujours salutaire et jamais dangereuse.

L'habitude de voir la presse enchaînée, nous a fait prendre une fausse idée sur les moyens d'en assurer le libre usage. Elle ne peut être l'objet direct d'une loi ; elle ne doit être comprise dans les lois que comme tout ce dont nous nous servons habituellement : elle ne sera vraiment libre, que quand on ne songera même pas qu'elle puisse être le sujet d'une exception et d'une attention particulière.

Les circonstances justifieraient des lois sévères, qu'elles n'autoriseraient jamais à mettre des entraves à la pensée et à la vérité par des mesures arbitraires, telles que la censure, etc.

Les opinions ne peuvent, dans aucun cas, être frappées par des lois.

Il est urgent que les journaux soient libres; ils ne sont assujétis qu'au détriment de la vérité et de la confiance : ce qui n'empêche pas que, par une loi, on ne puisse désigner les objets auxquels ils en pourront toucher impunément.

En ce qui concerne le maintien du gouvernement, la sureté publique et particulière, notre législation a prévu comment on pouvait y porter atteinte par des écrits imprimés. Ses dispositions, susceptibles peut-être de quelques modifications, ne peuvent être, à cet égard, accusées d'aucun oubli au moins essentiel.

Il est indispensable de s'expliquer avec plus de clarté et plus de précision sur la responsabilité des imprimeurs.

Les dispositions relatives aux injures et aux calomnies paraissent insuffisantes pour la sécurité des particuliers. C'est ici un sujet nouveau, entièrement omis. J'ai indiqué comment une loi de sécurité pouvait et devait être un supplément au Code.

Je sais que ce n'est qu'un germe; mais la réflexion, l'expérience et le temps l'auraient bientôt développé.

Toute accusation pour délit commis par la voie de la presse, doit être portée devant un jury; sans quoi les meilleures lois ne garantiront jamais la liberté des opinions et les droits de la vérité.

M*r*. B. de Constant et d'autres écrivains non moins bien intentionnés ont combattu avec un courage imperturbable pour la liberté de la presse ; je voudrais la préserver de toute atteinte, en la purifiant, autant que possible, des souillures des méchans. Ils se sont occupés de la chose publique : j'ai pensé encore aux individus, aux familles, à la décence et au bon ordre. Ils réclament l'entière liberté des discussions : je la veux aussi, mais dans les régions élevées de la pensée et des sentimens généreux, dégagée de tout ce qui la déshonore sans utilité. Ils appellent des châtimens pour les injures et les calomnies : je fais plus ; j'invoque une loi de sécurité pour chaque citoyen. En général, leurs vœux et leurs efforts sont pour la liberté publique : je ne crois pas avoir été dans aucun temps indigne des sentimens qui les animent ; mais la liberté qui naîtrait de l'harmonie entre l'autorité et les peuples, me paraîtra toujours préférable à celle que l'on ne doit qu'à des dissentions et à des combats. La première existera d'une manière plus sensible et plus durable, si elle est appuyée sur de bonnes institutions.

SECONDE PARTIE.

De la Responsabilité des Ministres.

OBSERVATIONS PRÉLIMINAIRES.

M^r. B. de Constant a publié en 1815 une brochure sous ce titre. Comme la doctrine qu'il y professe a fait des prosélytes, et que, dans un écrit trop célèbre, à une époque qui peut être signalée comme une crise, on a fait de cette doctrine un usage qui pouvait être fort dangereux, je vais examiner les points qui la caractérisent. Rien n'est plus urgent que d'avoir des idées fixes, mais saines, dans une matière aussi importante, et que de repousser jusqu'aux apparences de l'erreur.

En parlant de la liberté de la presse, j'ai presque toujours été d'accord avec M^r. B. de Constant; je serai moins heureux dans cette seconde partie, où nous nous trouverons toujours à peu près d'un sentiment opposé. Au premier coup d'œil, j'ai dû croire que l'erreur était de mon côté : c'était un motif d'y réfléchir d'avantage; mais plus j'y ai réfléchi, et plus je me suis confirmé dans mes opinions.

On est ministériel ou anti-ministériel en Angleterre. Les anti-ministériels prétendent être seuls les gardiens de la liberté publique et les défenseurs des droits du peuple. Les ministériels se dévouent à la cause des ministres et de la prérogative royale. Comme nous vivons aussi sous une régime constitutionnel, on croit qu'il est utile d'introduire parmi nous cette distinction, et de diriger les esprits vers une indépendance salutaire, qui nous préserve des entreprises du pouvoir; vers ce qu'on appelle autrement UNE OPPOSITION. J'examinerai dans un court appendice ce que serait une opposition en France, dans la situation où nous nous trouvons.

D'après ces distinctions, la première chose que l'on doit chercher dans celui qui écrit sur le gouvernement, c'est de savoir sous quelle bannière il se range; s'il est pour la prérogative ou pour la liberté, s'il est ministériel ou anti-ministériel.

Afin de prévenir toute incertitude à cet égard, je m'empresse de déclarer que je suis pour la prérogative et pour la liberté, que je suis ministériel et anti-ministériel. Je suis ministériel, quand il me semble que les ministres font bien; anti-ministériel, quand je crois qu'ils font mal; et lorsque, dans mon esprit, je me vois forcé de les condamner, je n'oublie point que mon infaillibilité n'est pas encore généralement reconnue, et qu'en conséquence je pourrais fort bien me tromper. Je n'ai cependant pas usé de cette modeste circonspection envers tous les ministres que j'ai vus en fonction depuis que je suis au monde; ce qui n'empêche pas que je n'aie toujours eu un respect profond pour l'autorité, parce que l'autorité pour moi, c'est la loi, la garantie de la sureté de tous et de chacun. C'est dans ces dispositions d'esprit que je vais examiner les questions que comporte le sujet annoncé par mon titre.

Je rends hommage au beau talent de M^r. B. de Constant, dont je me plais à reconnaître la supériorité ; cependant cette considération ne m'arrête pas, parce que mon but n'est pas de rivaliser avec lui de talent ; mais de rechercher la vérité dans un sujet qui intéresse la société entière.

CHAPITRE PREMIER.

§. Ier.

« *Définition exacte de la Responsabilité* (1). »

Tel est le titre que M^r. B. de Constant donne à son premier chapitre ; mais avant d'arriver à cette *définition exacte*, je dois examiner des propositions d'un ordre supérieur, qu'il admet comme des vérités incontestables, et que je rejette comme des erreurs évidentes.

« La responsabilité des ministres, dit-il, est la con-
» dition indispensable de toute monarchie consti-
» tutionnelle ; c'est cette responsabilité qui place le
» Roi dans une sphère à part, au-dessus de toutes
« les agitations du gouvernement proprement dit.
» En distinguant entre le pouvoir royal et le pouvoir

---

(1) Je marquerai par des guillemets les passages que j'extrairai de l'ouvrage de M^r. B. de Constant, sans répéter le nom.

» exécutif ou ministériel, elle fait du premier une
» autorité neutre et préservatrice, qui départage les
» pouvoirs actifs, en cas de dissentiment, et qui
» demeurant toujours calme, parce qu'elle n'est
» jamais compromise, rétablit le repos, en faisant
» cesser les luttes, et l'action en écartant les obs-
» tacles. »

Dans ses *Questions sur la législation actuelle de la presse*, le même écrivain dit : « la Charte a dis-
» tingué entre l'autorité royale et l'autorité minis-
» térielle. »

Voilà donc deux pouvoirs établis d'une manière bien distincte dans le gouvernement : *le pouvoir royal*, et *le pouvoir exécutif ou ministériel*. On peut se rappeler avec quel empressement un parti s'empara l'année dernière de cette doctrine, pour attaquer les actes du gouvernement, sous prétexte que, considérés comme l'ouvrage exclusif de ministres responsables, on pouvait les livrer indéfiniment à la censure, et, de conséquence en conséquence, aller jusqu'à la désobéissance.

On abuse de tout; cependant l'abus d'une doctrine quelconque ne prouverait pas sa fausseté. Voyons s'il n'y a ici qu'abus, et si la doctrine en elle-même est bien conforme à la nature des choses. Il convient, avant de parler de la responsabilité des ministres, de savoir ce qu'ils sont.

§. II.

Des Pouvoirs publics.

J'ouvre notre évangile politique, la Charte; et je lis art. 13 : « La personne du Roi est inviolable » et sacrée. Ses ministres sont responsables... *Au* » *Roi* SEUL *appartient* LA PUISSANCE EXÉCUTIVE.

» Art. 14 : Le Roi est *chef suprême* de l'État; il com- » mande les forces de terre et de mer, déclare la » guerre, fait les traités de paix, d'alliance et de » commerce; nomme à tous les emplois d'admi- » nistration publique; *il fait les réglemens et or-* » *donnances* nécessaires pour l'exécution des lois et » la sureté de l'État. »

Art. 16, « le Roi *propose la loi.* »

Ces textes sont, ce me semble, d'une grande clarté. Ils déclarent bien *les ministres responsables;* ils ne disent pas qu'ils sont un pouvoir à part. Ils portent formellement qu'au *Roi* SEUL *appartient* LA PUISSANCE EXÉCUTIVE ; ils ne disent pas qu'il y a un pouvoir royal qui appartient au Roi, et un pouvoir exécutif qui est propre aux ministres. Ils disent : *le Roi fait les ordonnances et réglemens* nécessaires pour l'exécution des lois, pour la sureté de l'État; ils ne disent pas : Le pouvoir exécutif ou les ministres font des ordonnances, etc... Ils disent : *le Roi est chef suprême* de l'État; ils ne disent pss : mais le gouvernement appartient aux ministres.

Ce premier aperçu renverse déjà les distinctions admises par Mr. B. de Constant, et, par suite, sa théorie sur la responsabilité des ministres; mais ces textes parleraient-ils à des esprits exercés autrement qu'au commun des hommes ? Ont-ils un sens mystérieux qui ne se découvre qu'à quelques êtres privilégiés ? Ce serait un malheur ; et je ne crois pas que l'intention du législateur ait été telle. Lui même se serait-il trompé ? Rien ne serait plus fâcheux ; car on ne touche pas impunément aux bases d'un édifice, surtout quand le ciment en est aussi frais et aussi tendre. Pour en juger, examinons les conséquences de la nouvelle théorie.

« La responsabilité des ministres place le Roi » dans une sphère à part, au-dessus de toutes les » agitations du gouvernement.... »

Ce qui place le Roi dans une sphère à part, c'est son titre de Roi ; ce sont les droits et prérogatives attachés à ses hautes fonctions; droits qui découlent tous de l'utilité publique, je dirai plus, de la nécessité; car s'il n'y a pas dans l'État un point inébranlable, où viennent s'appuyer toutes les institutions, et qui puisse résister à tous les efforts, le peuple est dans l'anarchie ou en danger d'y tomber à chaque instant. C'est ici un principe fondamental, dont la responsabilité des ministres n'est ni le principe, ni la conséquence; elle appartient à un autre ordre d'idées.

Le Roi doit être au-dessus de toutes les agitations du gouvernement; mais il ne peut y être étranger. Dire, en distinguant le pouvoir royal du pouvoir exécutif, que la responsabilité des ministres fait du premier une *autorité neutre* et *préservatrice*, qui départage *les pouvoirs actifs* en cas de dissentiment, c'est dire une chose qu'on ne peut comprendre ; c'est admettre un être qui doit agir sans organes.

En vain on ajouterait : « Le Roi plane, pour
» ainsi dire, au-dessus de toutes les agitations hu-
» maines; c'est le chef-d'œuvre de la monarchie,
» que d'avoir ainsi créé dans le sein des dissentimens
» une sphère inviolable de majesté, qui permet à
» ces dissentimens de se développer sans péril, *tant*
» *qu'ils n'excèdent pas de certaines limites*, et qui,
» dès que le danger s'annonce, y met un terme
» par des moyens légaux, constitutionnels, et dé-
» gagés de tout arbitraire. »

Comment le Roi serait-il une autorité neutre ? Qu'est-ce d'abord qu'une autorité neutre ? c'est-à-dire, qui n'est ni l'une ni l'autre ; de cette manière, ne serait-ce pas plutôt une autorité nulle.

Comment le Roi serait-il une autorité préservatrice ? et de quoi ? De son autorité neutre ? Il départagerait les pouvoirs actifs. Jusques-là, le pouvoir royal est donc un pouvoir passif. Il devient donc actif par le fait, il change de caractère, il sort de cette sphère de calme et de sécurité où on l'avait placé : ce n'est plus le même pouvoir. Quel est-il alors ?

Mais comment le Roi exercera-t-il le pouvoir royal, cette autorité négative, neutre préservatrice comme on voudra l'appeler ? Il ne peut manifester ses intentions, et faire exécuter ses ordres, que par ses ministres : ce sont là les seuls moyens légaux, constitutionnels qu'il peut employer. A quel signe reconnaîtra-t-on que c'est plutôt l'un des deux pouvoirs que l'autre qui parle ? que c'est l'autorité neutre, et non l'autorité active ? enfin, l'autorité royale, et non le pouvoir ministériel ?

Lorsqu'il y aura dissentiment entre les pouvoirs actifs, qui jugera le moment où il convient de les départager ? à l'aide de quoi et de qui le pouvoir royal parviendra-t-il à faire connaître qu'il est temps que la querelle finisse, et que tout rentre dans l'ordre ?

Si les ministres sont le pouvoir exécutif, autre que le pouvoir royal, et qu'on puisse les attaquer, ainsi que leurs actes, où se trouvera donc l'organisation sensible, patente donnée à l'autorité du chef suprême de l'État par la Charte constitutionnelle ? Il serait, dans le système que je combats, réduit, en imitant à la vérité un grand exemple, à prendre un fouet de sa main royale, et à chasser tous les fripons et tous les sycophantes qui s'introduisent journellement dans les parvis du temple, et jusques dans son sanctuaire.

Il me paraît tout à fait inutile de pousser plus loin cet examen. Ce système des deux pouvoirs dans le sein même de la partie exécutive du gouvernement, est évidemment insoutenable.

Mr. B. de Constant a été entraîné, comme malgré lui, par un sentiment qui ne peut que lui faire honneur ; il a voulu conserver à l'autorité royale toute sa majesté, et pourtant assurer la liberté publique, qui consiste essentiellement dans la faculté d'examiner et de discuter les actes du gouvernement. Il a été effrayé de l'alternative d'attaquer la puissance royale, ou de laisser passer une mesure nuisible. Pour sortir d'embarras, il a imaginé ce double pouvoir ; mais en donnant toutes les attributions aux ministres, il a relégué le pouvoir royal dans les espaces imaginaires : ce n'est donc pas là qu'est la solution de la question.

Quelel est donc la nature et le nombre des pouvoirs publics ? En quoi consistent les actes du gouvernement ? L'examen de ces deux questions doit nous conduire à fixer nos idées sur ce que peut et doit être la responsabilité des ministres.

Un des premiers pas qu'on ait fait dans la révolution, a été de reconnaître en principe qu'il devait y avoir trois pouvoirs : le *pouvoir législatif*, le *pouvoir exécutif*, le *pouvoir judiciaire*. Ce point de doctrine fut et est regardé encore comme fondamental, comme condition sans laquelle il ne peut y avoir ni liberté, ni sureté dans un pays : l'on a même été jusqu'à soutenir que ces trois pouvoirs devaient être absolument indépendans.

La confusion et l'arbitraire qui avaient régné jusques-là dans la marche de l'ancien gouvernement, les parties incohérentes dont il se composait, justifiaient cette doctrine, qui présentait réellement à l'esprit des idées d'ordre et de méthode, et qui n'a d'autre défaut que d'être exagérée, parce qu'elle est appliquée trop haut. Mais, j'oserai le dire, sous ce rapport, elle manque d'exactitude : aussi, indépendamment des circonstances, elle a été la cause de beaucoup de préventions funestes et de plusieurs désordres.

En l'adoptant, on a confondu le pouvoir avec son action. Je vais d'abord énoncer le principe; j'irai ensuite aux preuves. Qu'on ne juge que quand j'aurai fini, car je ne puis tout dire en même temps. TOUS LES POUVOIRS RÉSIDENT DANS LE CHEF SUPRÊME DE L'ÉTAT, DANS LE ROI, ainsi que s'exprime la Charte constitutionnelle, parce que tous naissent de la loi, dont le Roi est le premier moteur, l'image vivante, le représentant et l'organe.

Le pouvoir est un, parce qu'il y a unité dans la loi, comme dans le but de tout gouvernement. Comment, en effet, des pouvoirs distincts et indépendans tendraient-ils au même but ? Comment être certain qu'ils verraient les choses dans le même intérêt ? Comment ne pas sentir que, d'après notre nature, nos travers et nos passions, les rivalités qui s'établiraient entr'eux, les détourneraient bientôt de cette fin que doit se proposer tout bon gouvernement : l'ordre, la prospérité, la force et la puissance, conditions indispensables à la véritable liberté ? S'il ne fallait, pour avoir un gouvernement libre, que des pouvoirs divisés, quand aurions-nous eu plus de liberté que sous l'ancien régime, surtout en remontant au temps des plus grands désordres.

Les parlemens, en dénaturant leurs fonctions, n'étaient-ils pas un pouvoir, moins à raison du droit d'enregistrement des lois qu'ils s'étaient attribué, que par des arrêts de réglement sur des matières qui doivent être exclusivement dans les attributions du pouvoir suprême ? La noblesse, considérée comme corps, et la féodalité par ses juridictions, n'étaient-ils pas d'autres pouvoirs ? Différens priviléges, soit des villes, soit des corporations, ne constituaient-ils pas des pouvoirs ? Enfin, le clergé n'était-il pas un pouvoir, et le plus redoutable de tous ? Mais chacun de ces pouvoirs travaillait dans le sens de ses intérêts, toujours en opposition avec ceux de la population; car c'est une observation assez singulière, que jamais ou presque jamais ces corps ne se mettaient en mouvement que pour arrêter ce qu'il pouvait y avoir de salutaire et de généralement utile dans les déterminations du Prince.

Ce n'est donc point dans le nombre ou la division des pouvoirs que se trouvent des garanties pour la liberté, mais dans le principe du pouvoir, l'organisation de son action et son but.

Malgré cette observation, j'entends déjà les amis de la liberté se récrier, et prétendre que je prêche ici le pouvoir absolu. J'excuse leur effroi ; j'applaudis même au sentiment qui le leur inspire ;

mais souvent c'est parce qu'on est trop prompt à s'effrayer, qu'on va au-delà de la vérité.

On n'est révolté par le mot *absolu*, que parce qu'on en a fait le synonyme de despotique, et qu'on confond l'*absolu* avec l'*arbitraire*. Réduit à son véritable sens, il présente une grande exactitude. Au fait, je ne connais rien de si absolu que la loi. La loi veut ce qu'elle veut, tout ce qu'elle veut, et rien que ce qu'elle veut. Or, un Roi de France ou le chef de tout autre gouvernement régulièrement organisé, ne règne que par la loi; aussi puissant que la loi, il est absolu par elle et comme elle. Encore une fois, l'absolu n'est pas l'arbitraire; il en est l'ennemi le plus irréconciliable. Mais aussi, on n'appellera pas lois, j'espère, ces actes émanés d'une volonté unique, que la même volonté peut rapporter le lendemain, ou même qu'elle transgresse, sans se donner cette peine.

Dans mon livre de *l'Esprit de la Révolution* (1), j'ai posé comme base de toute législation et de tout gouvernement, le fameux principe : *Ne fais pas à autrui ce que tu ne veux pas qu'on te fasse* J'en ai fait sortir les droits et les obligations des peuples, comme les droits et les devoirs des chefs qui les gouvernent. Ces droits respectifs sont tellement sacrés, qu'ils doivent trouver des garanties dans l'organisation et l'action de la puissance suprême.

---

(1) Chez Ant. Bailleul, rue Ste-Anne, n°. 71.

Les peuples ont des besoins; la vérité a des droits qui sont les premiers de tous; il fallait et à ces besoins et à ces droits des organes : tel a été le but de la révolution. Ce but est rempli par la Charte. Pour qu'un acte ait le caractère de loi, il faut que la proposition en soit faite par le Roi, discutée devant une Chambre des Députés, devant une Chambre des Pairs, adoptée par ces deux Chambres, et encore sanctionnée et publiée par le Roi. La loi, ainsi proclamée, ne peut être rapportée, ou seulement modifiée, qu'en remplissant rigoureusement les mêmes formalités.

Mais la représentation que forme la Chambre des Députés est une faculté, un droit, une participation; ce n'est point un pouvoir.

La Chambre des Pairs, qui, dans l'hérédité de ses membres, fut imaginée pour remédier à notre fragilité, pour présenter un corps à l'abri des injures du temps, également éloigné des fougues de la jeunesse et des faiblesses de la caducité, est la dépositaire des traditions et des doctrines; elle est le char qui conduit la royauté dans le chemin des âges, la compagne éternelle du trône et de la loi, dont elle est l'appui; mais elle n'est pas un pouvoir.

Ces deux grands corps reçoivent du pouvoir royal le mouvement et la vie, par la convocation et la proposition; et lorsqu'ils se sont expliqués, c'est encore la volonté royale qui, par sa sanction, fait de leurs paroles rien ou quelque chose.

Le gouvernement a des rapports avec la société

entière et avec chacun de ses membres. S'il veut agir régulièrement, il est obligé de bien déterminer les limites de ces rapports, et de les confier à deux ordres d'agens distincts : les uns chargés de régler tout ce qui intéresse la population dans son ensemble : c'est l'administration proprement dite ; les autres, de lever les difficultés des particuliers entr'eux, ou des particuliers avec la chose publique, soit relativement à leurs droits, soit comme infracteurs de la loi. Tel est l'ordre judiciaire.

Ces deux classes d'agens doivent, dans leur action, être absolument indépendantes l'une de l'autre; autrement les droits et la sureté des particuliers seraient habituellement en péril: mais aucune des deux classes ne peut être indépendante du chef suprême de la loi, puisqu'elles ne peuvent agir que selon la loi, dont il est le représentant et l'organe. L'ordre judiciaire n'est donc pas plus un pouvoir que l'ordre administratif; ou s'il est un pouvoir, ce n'est que par délégation, d'une manière secondaire et subordonnée : s'il en était différemment, et qu'une autorité suprême ne pût le rappeler à la loi dont il s'écarterait, l'État serait bientôt bouleversé. Les conséquences de ces principes seront saisies facilement, sans que je sois obligé d'entrer dans de plus grands développemens.

J'ai encore le bonheur, dans cette théorie, de me trouver parfaitement d'accord avec la Charte constitutionnelle et les lois.

L'art. 57 de la Charte porte : « Toute justice

» émane du Roi. Elle s'administre en son nom, par
» des juges qu'il nomme et qu'il institue. »

Ainsi, lorsqu'il s'agit de rendre une loi, et de la faire exécuter, il faut déterminer les moyens de ne consacrer que ce qui est généralement reconnu pour ce qu'il y a de plus sage et de plus utile. Il faut tellement circonscrire les attributions des agens d'exécution, que les droits des citoyens et leur sureté ne puissent jamais être compromis : car tel est l'objet de ces précautions, ainsi que des diverses formes de procéder.

Cependant ce serait encore une erreur de croire que les formes et le contre-poids qui résultent des institutions, suffisent pour garantir la liberté; la liberté ne se trouve que dans la vérité, ou au moins dans une disposition constante à accueillir toutes les vérités. Un gouvernement sera doux et favorable à la liberté, selon qu'il se rapprochera de cette condition; plus il s'en éloignera, c'est-à-dire, plus il consacrera d'erreurs, comme des dogmes auxquels il faut croire, plus il sera violent, quelques combinaisons que l'on ait imaginées pour assurer sa marche, quelles que soient les formes que l'on ait établies pour garantir la liberté. Les formes, en général, n'ont pour but que le maintien du Gouvernement, qu'il soit bon ou mauvais : ce qui le caractérise, c'est l'esprit de son institution, la loyauté ou la violence de ses moyens, son amour de la vérité, ou son choix pour l'erreur, que ce choix soit aveugle ou raisonné.

Parmi nous, la loi a été substituée à la volonté

de l'homme, par conséquent, à l'arbitraire et au despotisme, et le bien public aux droits des différentes aristocraties. Des établissemens, des formes existent pour garantir cet ordre de choses : voilà les élémens de notre liberté, et non une division de pouvoirs qui ne serait qu'une anarchie.

Il résulte de ce qui vient d'être dit que les ministres ne forment point un pouvoir à part, et qu'ils sont uniquement les agens du pouvoir suprême. Maintenant, comment peuvent-ils être responsables ?

CHAPITRE II.

De la Responsabilité.

§. Ier.

Comment le Roi n'est pas responsable.

La responsabilité des agens du pouvoir, quelle que soit leur élévation, est une condition indispensable dans tous les systêmes de gouvernement. Sous le despotisme, les ministres ne sont responsables qu'envers le maître, à la vérité ; mais ils sont responsables. Sous un gouvernement constitutionnel et régulier, ils sont responsables, d'après la loi, envers le roi, envers l'État, et même envers les particuliers qu'ils ont offensés, ou dont ils ont compromis les intérêts ; aussi la Charte constitutionnelle dit formellement, art. 13 : *Les ministres sont responsables.*

La responsabilité est donc une condition inhérente à tout gouvernement; seulement, sous la loi qui nous régit, elle est soumise à des règles dont le but est de mettre les peuples, comme les agens, responsables eux-mêmes, à l'abri de l'arbitraire.

La responsabilité est morale ou légale : morale quand les actes du pouvoir, sans être ni des délits, ni des crimes, sont cependant improuvés par l'opinion ; elle est légale, lorsque ces actes ont un caractère qui doit les faire déférer à l'autorité chargée de les juger.

Dans aucun cas, le Roi ne peut être responsable, non parce qu'il *est une autorité neutre et préservatrice, qui départage les pouvoirs actifs*, mais parce qu'identifié avec le principe conservateur de la société, avec la loi, il doit être inattaquable comme ce principe. Le Roi ne veut jamais se tromper ni être trompé ; sa sécurité, sa gloire, son bonheur, sont évidemment attachés à ce sentiment, qui est pour lui ce qu'est pour l'homme en général le désir de sa conservation. Comme il ne fait qu'un avec l'État, il a toujours cette *volonté générale* dont parle Rousseau, qu'on a peine à concevoir dans son ouvrage, mais qui devient sensible, lorsqu'on examine le caractère de l'être privilégié, dans lequel viennent se concentrer tous les intérêts de la société.

Ceci posé, on doit établir comme conséquence nécessaire, que le chef suprême, en qui résident la **volonté publique**, et la **puissance de la loi** doit être immuable comme elle; il peut changer d'opinion, comme elle est susceptible d'être modifiée; mais c'est toujours dans la vue du plus grand bien, parce que l'intérêt de l'État et celui du Prince sont constamment les mêmes.

Il n'en est pas ainsi des ministres; ils ont d'autres intérêts, parce qu'ils n'ont plus le même titre; ils ne sont pas hors de la ligne commune, et sont exposés à tous les désordres qui naissent de nos passions. Les rivalités, les jalousies, le désir d'un plus grand crédit, l'avancement des leurs, l'esprit de haine et de vengeance : tout tend à les éloigner de leur devoir; il est donc bien nécessaire que la sureté de l'État et la sécurité des particuliers aient des garanties contre les abus de la puissance dont ils sont revêtus. C'est ce qu'a voulu l'art. 55 de la Charte, qui porte : « La Chambre des Députés a le » droit d'accuser les ministres, de les traduire » devant la Chambre des Pairs, qui seule a celui » de les juger. »

L'art. 56 ajoute : « Ils ne peuvent être accusés » que pour faits de trahison et de concussion. Des » lois particulières spécifieront cette nature de » délit, et en détermineront la poursuite. »

Que doit-on entendre par ces dispositions ?

§. II.

De l'interprétation donnée par M^r. B. de Constant.

Il demande : « Qu'est-ce que la responsabilité

» des ministres ? quelle est sa sphère ? quelles sont
» ses bornes ? sur quels délits des ministres s'étend
» sa compétence, et quels délits ne sont pas de son
» ressort ? »

Pour répondre à ces questions, il établit une théorie d'après laquelle il distingue les actes des ministres en *actes légaux* et en *actes illégaux*.

Il appelle actes légaux ceux qui sont faits en vertu de la puissance que la loi confère ; et actes illégaux, ceux qui résultent de l'usurpation d'une puissance que la loi ne confère pas.

Les actes légaux donnent seuls lieu à la responsabilité.

Les actes illégaux sont de la nature des délits privés, comme l'homicide, le rapt, etc.; car si les actes illégaux des ministres étaient soumis à la responsabilité, il s'ensuivrait que tous les délits privés des ministres rentreraient dans la sphère de la responsabilité, et qu'il faudrait une accusation intentée par les assemblées représentatives, pour les punir : hypothèse trop absurde pour qu'on s'y arrête.

La responsabilité ne portant que sur le mauvais usage d'un pouvoir autorisé par la loi, les ministres ne sont pas responsables pour ce qui est hors des fonctions ministérielles, mais soumis à la justice ordinaire, comme tout autre individu ; or, tous les actes illégaux sont hors des fonctions ministérielles ; car les fonctions ministérielles ne confèrent qu'un pouvoir légal. Donc, pour les actes illégaux, les ministres sont soumis à la justice ordinaire, et doivent être poursuivis par les voies odinaires, comme le seraient de simples particuliers.

L'auteur a bien senti lui-même que la distinction d'actes légaux et d'actes illégaux n'était pas très-facile à saisir. Pour la rendre intelligible, il cite ce qui a lieu en Angleterre relativement à l'*habeas-corpus*.

« Quand l'*habeas-corpus* n'est pas suspendu, un ministre qui se permet un acte contraire à ce boulevard de la liberté, n'est pas responsable comme ministre ; c'est-à-dire, il n'est pas nécessaire que les représentans de la nation l'attaquent. Coupable envers la loi, il est justiciable des tribunaux ordinaires, devant lesquels l'individu lésé ou ses ayans-cause peuvent le traduire. Mais un ministre qui se permet un acte contraire à l'*habeas-corpus*, quand l'*habeas-corpus* est suspendu, n'est pas justiciable devant les tribunaux, et ne peut être poursuivi par l'individu lésé ; car il n'a fait qu'user d'un pouvoir autorisé par la loi. Il est responsable devant les représentans de la nation de l'emploi du pouvoir légal qui lui a été confié ; ils peuvent lui demander compte de l'usage qu'il a fait de ce pouvoir, et l'accuser, si cet usage leur paraît avoir été préjudiciable, ou seulement inutile. »

Malgré cet exemple, je doute que le lecteur se fasse encore une juste idée de ce que l'auteur appelle actes légaux et actes illégaux. Je vais plus loin : je crois ces expressions inintelligibles, parce que ce n'est pas sur ce point que la distinction doit porter. Comment reconnaître au premier aspect que les actes qu'un ministre fait comme ministre, sont légaux, ou illégaux ? Il faudrait d'abord avoir qualité pour établir cette distinction.

La seule distinction qu'on puisse admettre, est celle du titre auquel il agit. Or, il agit comme ministre, ou comme particulier : comme ministre, dans tout ce qui fait partie de ses attributions, et avec les procédés déterminés par la loi; comme particulier, lorsqu'il agit de sa personne, comme s'il donne un soufflet, ou commet un homicide, etc.

Une des causes qui ont induit en erreur M. Benjamin de Constant, c'est qu'il pose en principe ce qui est en question, lorsqu'il dit que les actes illégaux sont de la nature des délits privés; et il tire une fausse conséquence, en ajoutant qu'il faudrait une accusation devant les Chambres pour les délits privés, si on leur déférait les actes illégaux. La conséquence n'est pas plus juste, lorsqu'il prétend que, puisque les délits privés sont portés devant les tribunaux ordinaires, les actes illégaux qui sont des délits privés, doivent suivre le même sort.

Peut-on appeler délits privés les actes qu'un ministre n'a faits que comme ministre, et qu'il n'a pu exécuter que par les moyens qui lui sont confiés en cette qualité ?

Prenons pour exemple une arrestation arbitraire. Un ministre donne un ordre; il est exécuté par des agens qui ont qualité ; comment l'individu qui en est l'objet parviendra-t-il à s'y soustraire ?

Et si le ministre est poursuivi, pourra-t-on séparer le particulier du ministre? S'il a usé d'un pouvoir qu'il n'avait pas, n'a-t-il pas abusé de ses fonctions, de sa qualité? Un ministre, comme tel, fait-il un acte qui ne soit au nom du Roi? Est-il autre chose qu'un mandataire qui a juré fidélité au Roi et à la loi? Il viole donc son serment, il manque à la majesté du trône; et son délit serait un délit privé. Dans tous les cas, qui jugera s'il a usé d'un pouvoir légal, ou d'un pouvoir illégal?

Si on le traduit directement devant les tribunaux ordinaires, ce sera donc un huissier qui sera le premier juge de cette grande question; puis un tribunal ordinaire qui examinera si le ministre d'un Roi a forfait à ses devoirs, s'il a contrevenu à la loi.

Concluons que des actes faits par un ministre, comme ministre, en vertu de son titre, avec les moyens remis entre ses mains par la suprême puissance, ne peuvent jamais être considérés comme des actes privés; que la forfaiture doit être jugée avant tout, et qu'elle ne peut l'être que par l'autorité désignée par la loi fondamentale, pour prononcer sur les accusations portées contre les ministres.

Je ne sais si l'exemple tiré de l'*habeas-corpus* est exact; je ne connais point assez la législation ou la jurisprudence anglaise pour en juger. Il faut imiter les Anglais quand ils font bien; mais je désire que nous ne nous jetions pas dans une semblable métaphysique.

D'abord, il me paraît bien difficile d'intenter une accusation pour des arrestations faites en vertu de la loi, comme dans le cas de suspension de l'*habeas-corpus* ; car de deux choses l'une : ou l'autorisation est indéfinie; dans ce cas, comment intenter une accusation? ou la faculté est circonscrite ou assujettie à des formes. Si l'arrestation est faite dans les termes de la loi, il n'y a pas lieu à accusation; si elle est hors de ces mêmes termes, alors le ministre n'a plus de pouvoir légal : l'arrestation, d'après M^r. de Constant, n'est plus qu'un délit privé.

§. III.

Comment on peut attaquer les actes du gouvernement, sans porter atteinte à la majesté royale.

Le Roi est revêtu du pouvoir suprême; il est considéré comme ayant la science du gouvernement. Mais dans l'action de son pouvoir, la science se compose des principes et des faits ; et de même qu'il ne peut manifester sa volonté que par l'organe de ses ministres, il ne peut connaître les faits que par leur intermédiaire. Une mesure mal conçue est donc toujours leur ouvrage, comme un ordre mal exécuté : s'ils avaient mieux informé le Prince, il aurait mieux jugé; comme s'ils avaient suivi ses intentions dans l'exécution de ses ordres, il n'en serait point résulté de plaintes. Lors donc que l'on attaque ou la mesure ou l'exécution, ce n'est pas le monarque, mais le ministre, à qui l'on doit s'en prendre : il n'est donc pas nécessaire d'imaginer deux espèces de pouvoirs, et de condamner la royauté à l'inaction absolue, pour qu'elle soit toujours respectée. De droit et de fait, elle ne peut être attaquée : de droit, puisqu'elle veut toujours le bien ; de fait, puisque le mal ne peut jamais qu'être l'œuvre des ministres.

Qu'on me permette d'insister encore sur cette démonstration, qui est capitale dans la discussion où je me suis engagé.

Une mesure de gouvernement est toujours l'application d'un principe à un fait : or, soit qu'on attaque la mesure en elle-même, soit qu'on attaque la manière dont elle est exécutée, il est évident que le principe mal appliqué est le résultat d'un fait mal exposé. Or, l'appréciation du fait, son exposition ne peuvent parvenir au Roi que par l'organe de son ministre. Il n'est pas moins évident que la mauvaise exécution appartient tout entière à l'agent qui en est chargé. Ainsi, en ne rendant pas le Roi responsable, ce n'est pas seulement convenance dans le plus grand intérêt de l'État, et d'après le respect dû à la majesté du trône, ce qui serait déjà une raison suffisante ; c'est encore justice. Et une convenance appuyée sur la justice peut, ce me semble, devenir un principe fondamental et inattaquable. Les principes ne sont autre chose que des propositions dont l'évidence est hors du doute et de toute atteinte.

Une conséquence qui sort tout naturellement de ces observations, c'est que la critique, qui ne doit jamais atteindre jusqu'à l'autorité royale, ne peut en effet y atteindre, pas plus qu'elle ne peut avilir ou détruire un principe. La critique attaque toujours un fait qui ne peut être attribué qu'au ministre; et le fait, si la critique est fondée, est une erreur ou une perfidie.

Si le ministre, de la meilleure foi du monde, s'est trompé dans les motifs qu'il a donnés au chef de l'autorité, il est excusable comme tous les hommes qui se trompent; sa responsabilité ne peut porter que sur sa réputation de plus ou moins d'habileté, et son châtiment que dans l'altération de la confiance du monarque, ou sur la perte entière de cette confiance : ce qui n'est pas peu de chose pour un ministre.

S'il a voulu tromper ou s'il a voulu nuire, il est criminel : il est difficile alors qu'il ne soit pas dans l'un des deux cas prévus par l'art. 56 de la Charte, la trahison ou la concussion. Mais que l'attaque ait pour cause une erreur ou un crime, il est aisé de voir qu'elle peut, qu'elle doit avoir lieu dans une région placée au-dessous du trône; que tous les actes d'un gouvernement peuvent être examinés, discutés, jugés vis-à-vis des ministres, sans affaiblir le respect dû à ces actes, sans offenser le nom auguste sous le sceau duquel ils sont publiés, sans compromettre la majesté du trône.

§. IV.

De l'Initiative et de la Sanction.

Art. 16 de la Charte constitutionnelle : LE ROI PROPOSE LA LOI.

Cette disposition de notre loi fondamentale est tellement impérative, qu'il paraissait difficile d'en intervertir le sens : cependant, l'année dernière, où l'on cherchait à mettre tout en question, à l'aide de cette distinction du pouvoir royal et du pouvoir ministériel, on a trouvé tout simple d'attribuer la *présentation de la loi* à ce dernier, parce qu'autrement elle serait regardée comme une manifestation de la volonté royale, qui ne pourrait être combattue sans manquer au respect dû au Roi, et sans compromettre la dignité du trône.

En déplaçant ainsi les attributions, on sait qu'on ne voulait autre chose que se donner les moyens d'attaquer l'ordre qui nous régit, sans pourtant avoir l'air de porter atteinte à l'autorité royale; des hommes de bonne foi y ont été pris.

A ce propos, on fut même jusqu'à attaquer le principe. Il ne serait pas difficile d'en démontrer l'extrême sagesse, et que la proposition doit être là où se trouve le sentiment de tous les besoins. Mon but n'est point d'envisager la question sous ce point de vue.

La proposition est attribuée à l'autorité royale, elle ne peut émaner que de cette autorité, qui n'est point compromise par l'examen qu'en font les Chambres.

Indépendamment de l'art. 18 de la Charte, *qui veut que toute loi soit discutée et votée librement* par la majorité de chacune des deux Chambres, du moment que la proposition leur est envoyée par le Roi pour être examinée, il n'y a là d'autre volonté évidente du monarque, sinon qu'il VEUT que sa proposition soit examinée. Loin donc de manquer à la majesté du trône en discutant, c'est prouver le respect qu'on lui porte. Jusques-là on ne doit pas supposer que la pensée du monarque aille au-delà de l'utilité qu'il y a d'examiner la proposition, sans prononcer encore, sur la nécessité qu'il y a de l'adopter.

On s'est fait un nouveau motif du concours de la proposition et de la sanction : si c'est le Roi qui propose réellement, a-t-on dit, la sanction n'est-elle pas une formalité au moins inutile ?

Pour apprécier cette observation, il suffit d'une simple réflexion. Quelle est la fonction royale dans la proposition ? elle consiste, comme je viens de le dire, en ce seul point, que le Roi reconnaît que la proposition peut être bonne, et qu'elle mérite d'être examinée. En effet, on la discute ; elle est adoptée dans les deux Chambres, et reparaît de nouveau devant la volonté suprême. Cette volonté, qui n'avait d'abord jugé que de la convenance de la présentation, éclairée elle-même par la discussion, va prononcer définitivement, en confirmant ou en révoquant son premier suffrage ; car il serait tout simple que le Roi tînt à peu près ce langage : « J'ai cru la proposition utile, je vous l'ai soumise; j'ai entendu toutes vos raisons, et je vois maintenant des inconvéniens qui ne m'ont pas frappé d'abord, que vous-mêmes n'avez pas aperçus : je rejette. »

Tout dans cette marche est bien lié ; les parties corrélatives de ce système sont parfaitement en harmonie, et portent le caractère d'une haute sagesse.

Il n'est donc pas nécessaire d'imaginer un pouvoir à part, pour assurer la liberté des discussions dans les Chambres, et pour garantir le respect dû à la majesté royale.

§. V.

Des Poursuites judiciaires contre les Ministres.

Par suite de la distinction admise par M^r. B. de Constant, d'actes légaux et d'actes illégaux, ce publiciste pense que les actes illégaux qui résultent de l'abus d'un pouvoir illégal, ne constituant que des délits privés, les ministres, pour ces actes doivent être poursuivis, comme de simples particuliers, par les voies ordinaires.

S'il en était ainsi, le sort des ministres serait plus à plaindre que celui du dernier des citoyens. Il est difficile de concevoir comment ils pourraient suffire à l'accomplissement de leurs devoirs, et à la nécessité de se défendre envers et contre tous, devant les tribunaux.

D'après les principes que j'ai établis, il n'y a que l'autorité à laquelle leur jugement est attribué qui puisse prononcer sur la nature des actes de leur administration, dans tout ce qu'ils ont fait comme ministres, que ces actes soient légaux ou illégaux ; distinction d'ailleurs que je ne puis admettre. Si les ministres ne sont reconnus coupables ni envers le Roi ni envers l'Etat, mais que seulement ils aient compromis les droits des particuliers ; dans ce cas, ces derniers seront autorisés à se pourvoir devant qui de droit. Cette marche est simple, régulière, intelligible. Les exemples pris dans les traditions ou la législation anglaise, qui autorisent les poursuites directes de la part des particuliers, pourraient être vrais qu'ils ne prouveraient rien contre la droite raison et le bon sens.

En rejetant le principe sur lequel repose la théorie de M^r. B. de Constant, relativement à la responsabilité des ministres, je me trouve dispensé de répondre aux autres parties de son ouvrage, qui n'en sont que les conséquences et le developpement.

Nous entrons dans une carrière nouvelle ; nous fondons un ordre de choses qui n'a pas plus son principe dans les lois anglaises, que dans nos anciennes coutumes. Gardons-nous des exemples qui ne seraient que des sources de confusion ; évitons toutes les exagérations, même celles de la liberté, qui lui sont plus funestes que les plus violentes attaques de ses ennemis ; n'introduisons pas surtout dans notre droit public ces subtilités, que les grecs de Constantinople introduisirent dans les querelles théologiques, et qui perdirent l'Etat; marchons par des voies simples, franches, et n'admettons que ce qui peut entretenir parmi nous une confiance réciproque, prévenir tout désordre, et rallier facilement les bons esprits.

APPENDICE.

Quelques réflexions sur une opposition au ministère dans les Chambres.

J'entends toujours parler des ministres comme devant être l'objet d'une défiance sans bornes. J'avoue que je n'approuve guères plus ce sentiment que celui d'une confiance aveugle : aussi je n'ai jamais trop compris la convenance, et encore moins la nécessité d'une opposition systématique. S'opposer, pour s'opposer par cela seul que telle opinion est celle du ministère, m'a toujours paru d'un mauvais esprit ; une telle opposition accuse la délicatesse, et compromet la conscience : aussi, par aucune considération, je ne prendrais jamais sur moi un semblable rôle; je craindrais par-là d'affaiblir mon opinion, quand il s'agirait de s'opposer sérieusement à un acte dangereux.

Cependant cette idée d'un système d'opposition me paraît gagner parmi nous, et c'est toujours en Angleterre qu'on va puiser des exemples pour le justifier.

D'abord, nous sommes bien jeunes en liberté, et, sous beaucoup d'autres rapports, pour prendre ainsi une attitude menaçante envers un gouvernement qu'il sera toujours utile d'aider; mais qu'il serait dangereux d'effrayer, surtout quand il a tant d'autres sujets d'inquiétude.

Mais ici encore les exemples sont-ils justement appliqués? et les meilleures intentions ne se trompent-elles pas d'une manière fâcheuse sur les moyens? Scrutons le fond des choses, car c'est là seulement que peut se trouver la vérité.

Qu'est-ce que l'opposition en Angleterre? Pour s'en faire une juste idée, il faut reconnaître son principe.

Si j'ai bien saisi ce point de l'histoire d'Angleterre, les barons et les communes se liguèrent contre la tyrannie des rois, et leur charte fut le prix de leur accord et de leurs efforts. Tel dut être le fondement de l'opposition. Tous furent en garde contre l'abus de l'autorité, parce que tous concoururent à la réprimer. L'opposition actuelle n'est donc que l'excès d'une opinion générale dans le parlement. Ses membres veulent unanimement la liberté, tendent au même but; seulement ce sentiment, dans une partie, est exagéré, plus susceptible; mais il ne cesse pas pour cela d'être en harmonie avec l'intention de l'assemblée, prise dans son ensemble; elle est dirigée contre l'usurpation d'une autorité qui fut usurpatrice toutes les fois qu'elle ne fut pas réprimée.

En France, au contraire, la liberté a reçu ses premiers gages du concours de la volonté royale et de la force des communes, dirigée contre les barons et l'esprit d'envahissement de la noblesse.

Les dispositions de la royauté, les vœux des communes, l'esprit et les prétentions des anciens priviléges forment encore aujourd'hui les élémens de notre consistance politique. Notre histoire d'une année est le résumé de notre histoire pendant huit siècles. Le Roi consacre dans la Charte les vœux de la nation ; elle est reçue avec transport. Un parti manifeste des intentions contraires à la volonté royale et au vœu de la nation, l'ordonnance du 5 septembre anéantit cette entreprise : voilà pour le moment ; pour l'avenir, la loi du 5 février, en plaçant les élections au cœur de la population, les préserve pour jamais de l'influence des opinions extrêmes et divergentes, des projets de l'éternelle faction, que ne détruisirent ni les cruautés de Louis XI, ni le despotisme du ministre de Louis XIII.

Aujourd'hui, comme à toutes les époques, le Roi et le corps de la nation sont d'accord pour écarter les entreprises des anciens barons, et neutraliser l'esprit d'usurpation des anciens privilégiés.

Il n'y a donc aucun point de comparaison entre la position où se trouvèrent les anglais, et celle où nous nous trouvons; et toute imitation à cet égard serait une erreur fatale.

Si dans les Chambres, les membres qui représentent le corps de la nation se mettent dans une opposition systématique, absolue avec le ministère, organe de la volonté royale, ils iront évidemment contre leur but; ils méconnaîtront le principe de leur force, que dis-je! de leur existence; ils s'affaibliront au profit de l'ennemi commun, sans songer que les idées ne sont pas encore bien assises sur le caractère des opinions les plus opposées. Les prétendus royalistes par excellence ne sont bien réellement que des contre-révolutionnaires, des partisans du despotisme, des priviléges; mais tout le monde n'a pas cette conviction : de là, ce qu'il y a dans notre situation d'incohérent, de pénible. Si les constitutionnels se mettent en opposition avec le ministère, les hommes qui craignent les désordres et les opinions exagérées, se rangeront du côté de leurs adversaires; nous retombons dans un chaos, dont il est impossible de voir l'issue. On forme alors trois partis : un ministère qui ne sait où placer son point d'appui; des patriotes qui déclarent la guerre à leur allié naturel, et toujours, invincible tant qu'ils le soutiendront; et une faction constante, audacieuse, qui profite de cette mésintelligence, pour accroître le désordre et la confusion; car c'est là qu'est l'esprit de despotisme et d'usurpation, comme en Angleterre, il était dans l'autorité royale. C'est donc contre cet esprit que doit être dirigée une opposition : mais cette opposition doit se composer pour être tout ce qu'elle doit être, des intérêts du trône comme de ceux du peuple, qui sont les mêmes.

Sans doute le ministère peut se tromper; dans ce cas, examinez, discutez, négociez, transigez; mais ne vous opposez pas formellement, cette imprudence aurait nécessairement des suites déplorables.

D'un autre côté, il ne faut pas repousser ces rapprochemens notables, ces signes éclatans de réconciliation, qui exerceraient sur l'opinion une influence bien autrement puissante que toutes les protestations et les sermens les plus solennels. Il est de grandes erreurs qui, si l'on n'y prenait garde, prépareraient de longues calamités.

Nous sommes arrivés à une époque où des éclaircissemens salutaires sont possibles; mais ils ne peuvent résulter que de la confiance qui s'établirait entre les hommes franchement constitutionnels, et le ministère.

FIN.

www.ingramcontent.com/pod-product-compliance
Lightning Source LLC
Chambersburg PA
CBHW070527100426
42743CB00010B/1986